GÜTERSLOHER
VERLAGSHAUS

Gütersloher Verlagshaus. Dem Leben vertrauen

Joachim Knitter

Wir sind Tropfen
im Fluss des Lebens

Originelle Modelle für Vorstellungs-
und Konfirmationsgottesdienste

Mit CD-ROM

Gütersloher Verlagshaus

Bibliografische Information der Deutschen Nationalbibliothek
Die Deutsche Nationalbibliothek verzeichnet diese Publikation in der Deutschen
Nationalbibliografie; detaillierte bibliografische Daten sind im Internet über
http://dnb.d-nb.de abrufbar.

Die beiliegende CD-ROM enthält in digitaler Form sämtliche Texte, Bilder, Lieder und Arbeitsblätter dieses Buches.
Die Daten auf der CD-ROM sind – mit Ausnahme der Fotodaten – als offene
PDF-Dateien abgelegt, so dass sie auf den meisten Computern zu lesen und in
allen gängigen Textverarbeitungsprogrammen (z. B. »Word« oder »Open Office«)
über die Zwischenablage einzufügen und nachzubearbeiten sind. Benötigt wird
dafür lediglich der Adobe Acrobat® Reader 5 oder höher.
Die Fotodaten sind als jpg-Dateien abgelegt.

FSC
Mix
Produktgruppe aus vorbildlich
bewirtschafteten Wäldern,
kontrollierten Herkünften und
Recyclingholz oder -fasern
Zert.-Nr. SGS-COC-004278
www.fsc.org
© 1996 Forest Stewardship Council

Verlagsgruppe Random House
FSC-DEU-0100
Das für dieses Buch verwendete
FSC-zertifizierte Papier *Munken Premium*
liefert Arctic Paper Munkedals AB, Schweden.

1. Auflage
Copyright © 2009 by Gütersloher Verlagshaus, Gütersloh,
in der Verlagsgruppe Random House GmbH, München

Umschlaggestaltung: Init GmbH, Bielefeld
Umschlagfoto: © plainpicture/Maskot, Hamburg
Satz und Reproduktionen: Satz!zeichen, Landesbergen
Druck und Einband: Těšínská tiskárna, a.s., Český Těšín
Printed in Czech Republic
ISBN 978-3-579-05885-6

www.gtvh.de

Inhalt

Einführung – zum Anliegen dieses Buches

Allgemeiner Teil

»Wir bauen eine Stadt«

»Lasst Blumen sprechen«

»Wir sind Tropfen im Fluss des Lebens«

»Komm, wir bauen eine Brücke«

Einführung – zum Anliegen dieses Buches

Grundsätzliches

Der Vorstellungsgottesdienst und die Konfirmation sind der Höhe- und Schlusspunkt der Konfirmandenzeit. Hoffentlich ist diese Zeit eingebettet in weitere gemeindliche Angebote für Kinder und Jugendliche, damit die kirchlichen Bindungen, die in dieser Phase des Heranwachsens aufgebaut werden, tragfähig bleiben und sich entfalten können.

Dieses Buch verfolgt den Ansatz, Vorstellungsgottesdienst und Konfirmation als eine Einheit zu verstehen, gleichsam als Brennpunkte einer Ellipse. Es basiert auf der Partizipation der Konfirmandinnen und Konfirmanden. Sie haben jeweils die Ideen für ein verbindendes Symbol des Jahrgangs mit entwickelt. Der Prozess hat ihre Identifikation mit der eigenen Konfirmation gefördert. Er schafft zugleich eine jugendgemäße Ausdrucksform des Glaubens.

Der Glaube ist ein Weg, und sich konfirmieren zu lassen, ist ein gewichtiger Schritt auf diesem Weg. Seit Langem ist empirisch nachgewiesen, dass das im Konfirmandenunterricht gelernte Wissen bald weitgehend vergessen ist. Prägend hingegen ist die Bindung an den oder die Unterrichtende(n) und gute gemeinsame Erfahrungen. Wer dieses Buch als Werkstatt mit den darin enthaltenen Ideen und Anregungen in der eigenen persönlichen Unterrichtspraxis umsetzt, wird gute Erinnerungen an die Konfirmandenzeit pflanzen.

Den Vorstellungsgottesdienst und die Konfirmation unter ein ein-
gängiges Symbol zu stellen, hat noch einen ganz praktischen, ori-
ginellen Wert. Mit den heutigen Möglichkeiten der digitalen Fotografie ist sehr schnell ein ansprechendes Motiv für die
Gottesdienstprogramme und die Konfirmationsurkunde gefunden.

Die Suche nach einem geeigneten Symbol

Im Finden eines geeigneten Symbols habe ich mich zu Anfang
mit den Gruppen eher etwas schwergetan. Das lag weniger an den
Jugendlichen als an der eigenen »Schere im Kopf«. Als Pfarrerin
oder Pfarrer in den ersten Amtsjahren steht man unter einem
gewissen Rechtfertigungsdruck. Andererseits gehören Konfirmationen zu den »Highlights«, allein schon was die öffentliche Wirk-
samkeit und die Zahl der Gottesdienstbesucher anbetrifft. Je mehr
ich mich auf die Themenvorschläge der Jugendlichen eingelassen
habe, desto spannender wurde der Prozess.
Meine ursprünglichen Vorgaben für die Themenfindung habe ich
dabei stark gelockert. Am Anfang hieß es: Findet ein Symbol, das
euch als Konfi-Jahrgang verbindet. Weil die Vorstellung der Konfirmanden auch namentliche Vorstellung bedeutet, musste sich
der Vorname, manchmal auch der komplette Name in einem Teil
des Symbols wiederfinden. Andererseits sollte es sich um etwas
handeln, das mit der Bibel, der Kirche oder dem Glauben zu tun
hat. Dementsprechend waren die ersten Konfirmationen: »Ein
Schiff, das sich Gemeinde nennt« mit dem Transparent eines großen Segelschiffes und den Namen aller Konfis in den Segeln und
Luken. Eine andere Konfirmation hatte den (unvermeidlichen)
Baum als Symbol. Natürlich kann man die Namen wahlweise in
Früchte oder Blätter eintragen. Es waren beides schöne Konfir-

mationen und mir gefallen Baum und Schiff als fast archetypische Zeichen nach wie vor gut. Dennoch betrachte ich diese Symbole als im kirchlichen Sinne typisch »hausbacken«. Im Laufe von fast zwei Jahrzehnten Konfirmandenarbeit habe ich die letzte Bedingung: »Das Symbol muss etwas mit Kirche, Bibel oder Glauben zu tun haben!« fast völlig in den Hintergrund gestellt. Heute bin ich bei jedem Jahrgang sehr gespannt, was denen so einfällt. Noch gespannter und oft überraschter bin ich, wenn ich nach dem biblischen Rückbezug suche.

Ich habe mit den Konfirmandinnen und Konfirmanden eine Vereinbarung: Nachdem das Thema gefunden ist (siehe dazu auch das Kapitel »Allgemeiner Teil. Die Arbeitsstruktur der Themenfindung, S. 12ff.), haben sie die Aufgabe, mit etwas Hilfestellung ihren Vorstellungsgottesdienst zu gestalten. Schließlich war das früher die Konfirmandenprüfung. Ich habe dabei eher die Rolle eines Moderators und trage auch keinen Talar. Also müssen die Konfis ran und alle erhalten gemäß ihren Fähigkeiten eine Aufgabe. Wer nicht so gerne formuliert oder etwas vorträgt, muss eben durch Mal- oder Bastelaufgaben zum Gottesdienst beitragen. Daher enthalten die meisten der vorgestellten Entwürfe, die alle in der Praxis durchgeführt worden sind und sich bewährt haben, Aufgaben für die »Grobmotoriker«. Manchmal bin ich sehr erstaunt, wer sich dazu zählt und sich damit vor anderen Aufgaben drücken will, während andere über sich hinauswachsen. Ich gestehe: In dieser letzten Phase der Konfirmandenzeit, die immer auch mit einem Projekttag verbunden ist, lerne ich mindestens Teile der Gruppe(n) noch einmal neu kennen.
Im Konfirmationsgottesdienst *muss* sich niemand beteiligen. Das ist mein Part als Pfarrer und eine Entlastung der Konfirmandinnen und Konfirmanden an diesem manchmal überfrachteten Tag. Ich nehme das Thema bzw. das Symbol in der Konfirmationsansprache auf. Dabei staune ich selbst oft, was so alles in der Bibel steht – und manchmal auch, was sich überhaupt nicht darin fin-

det. Suchen Sie mal in der Bibel unter dem Stichwort »Brücke«. Ich habe keinen Eintrag gefunden, weder in der Lutherübersetzung noch in der Guten Nachricht noch in der Einheitsübersetzung. Aber wer kennt nicht das Lied: »Herr, gib mir Mut zum Brückenbauen«. Es gehört weitgehend zum Standardliedgut und hat auch Aufnahme ins EG gefunden, jedenfalls in der Ausgabe für das Rheinland, Westfalen und Lippe (EG 669).

Zum Aufbau dieses Buches

Konfirmationen finden jedes Jahr statt. Sie sind eine Kasualie. Vieles wiederholt sich darin an Gebeten, Liedern usw. Es gibt außerdem lokale Traditionen und Besonderheiten, was die Feier des Vorstellungs- und des Konfirmationsgottesdienstes anbetrifft, die jeder und jede für sich berücksichtigen muss. Alle wiederkehrenden Elemente finden sich im Kapitel »Allgemeiner Teil« dargestellt und erläutert. Meistens sind Beispiele oder auch Entwürfe für Arbeitsblätter eingefügt, die unmittelbar Verwendung finden können.
In den folgenden Kapiteln ist jeweils ein Thema als Vorstellungsgottesdienst und als Konfirmation dokumentiert.
Diese Kapitel bieten zunächst eine *Ideensammlung* zur Erschließung des Themas bzw. des Symbols. In der Regel wurde später nicht immer alles davon umgesetzt. Von daher liegen hier noch »Perlen im Acker«, die für die eigene Gestaltung bzw. Aneignung hilfreich oder sogar kostbar sein können.

Im nächsten Teil werden *Arbeitsaufträge* (z. T. mit fertigen Arbeitsblättern bzw. Entwürfen) für die Vorbereitung des Vorstellungsgottesdienstes vorgestellt. *Tipps, Bauanleitungen,* Bezugsadressen für die Anfertigung des Symbols finden sich ebenso angefügt wie Erfahrungen aus der Praxis.

Es folgt die *Durchführung des Vorstellungsgottesdienstes.*

Im anschließenden Teil wird die Konfirmation zum gleichen Thema als Ablauf dokumentiert. Darauf folgen die Konfirmationsansprachen. Manchmal gab es zu einem Thema mehr als eine *Konfirmationspredigt.* Je nach Vielschichtigkeit des Themas sind also zwei Ansprachen komplett oder in Teilen wiedergegeben.

Den Schluss bildet in der Regel ein *Ausblick.* Das sind z. B. auch Ideen für alternative Umsetzungen oder weiterführende Gedanken, die im Rahmen der Vorbereitungen entstanden sind, aber nicht immer zur Ausführung kamen.

Lieder, Texte und Gebete, die im *Evangelischen Gesangbuch* (EG) oder in dem roten »*Mein Liederbuch für heute und morgen*« (ML I) bzw. dem grünen »*Mein Liederbuch – 2 Ökumene heute*« (ML II) dokumentiert sind, werden nicht abgedruckt, sondern nur mit Lied oder Seitenzahl zitiert. Beide Liederbücher sind im tvd-Verlag GmbH, Düsseldorf, erschienen und in der Evangelischen Kirche im Rheinland, der ich entstamme, in vielfachem Gebrauch.

Die beiliegende CD-ROM mit allen Texten, Bildern, Liedern und Arbeitsblättern dieses Buches soll Sie bei der Umsetzung der einzelnen Gottesdienste unterstützen. So lassen sich meine Vorschläge und Anregungen schnell und leicht bearbeiten, an Ihre Bedürfnisse anpassen und auch ausdrucken.

Siegburg, im Januar 2009   *Joachim Knitter*

Allgemeiner Teil

Die Arbeitsstruktur der Themenfindung

Jugendliche brauchen weitgehende Mitsprachemöglichkeiten bei der Vorbereitung und Feier der Konfirmation, damit aus *einer* Konfirmation *ihre* Konfirmation wird. Dies geschieht in einer Reihe von Schritten, die hier im Einzelnen vorgestellt werden. Der erste besteht in der Findung eines gemeinsamen Themas bzw. eines verbindenden Zeichens.

Werden mehrere Gruppen parallel unterrichtet, kann die Ideensuche durchaus in den Teilgruppen erfolgen. Manchmal ist das sogar spannender als erwartet, entweder durch die Bereicherung zusätzlicher Themen oder die Entdeckung eines Themas, »das in der Luft liegt«. Der spätere Abstimmungsprozess sollte aber möglichst in der Gesamtgruppe/dem Jahrgang erfolgen, damit keine Polarisierungen gefördert werden und Transparenz gegeben ist.

Wie kommt ein Konfirmandinnen- und Konfirmandenjahrgang, der bei mir in der Regel aus zwei bis drei Gruppen mit jeweils bis zu 20 Jugendlichen besteht, zu einem gemeinsamen Thema?

Die Vorgabe ist klar: »Findet ein Symbol, das euch als Jahrgang repräsentiert und verbindet, und in dem jede und jeder mit dem eigenen Namen vorkommt!«

Hilfreich ist es, am Anfang das eine oder andere Beispiel zu geben. Gibt es erst eine Tradition in dieser Art der Konfirmationsvorbereitung und -durchführung, können meist Geschwisterkinder berichten, »wie es bei dem älteren Bruder oder der älteren Schwester war«. Aus diesem Feedback lässt sich meist auch erschließen, wie gelungen und eindrücklich eine Konfirmation der Vorjahre war. Wer erinnert sich in diesem Alter schon noch an Gottesdienste, die Jahre zurückliegen?

In einer ersten Phase werden ungefiltert alle Vorschläge gesammelt. Hier einige Beispiele aus den Vorschlägen der letzten Jahre:
* Wolke – Tropfen,
* Landkarte – Länder mit Flaggen,
* Arche Noah – Tiere,
* Buch – Buchseiten,
* Weg – Pflastersteine,
* Schatzkiste – Edelsteine,
* Sonne – Strahlen,
* Flotte – Schiffchen,
* Schwarm – Vögel,
* Stadt – Häuser,
* Blumenwiese – Blumen,
* Sternenhimmel – Sterne.

Weitere Themenvorschläge finden sich in den nachfolgenden Kapiteln entfaltet. Immer benennt der erste Begriff das verbindende Zeichen für den ganzen Jahrgang, während mit dem zweiten Begriff das Teilelement bezeichnet wird, das jeweils einen Namen tragen soll. Aus der Vielzahl der Vorschläge kann nun jede und jeder zwei Themen aussuchen. Darüber wird abgestimmt. Die zwei oder drei Themen mit der höchsten Stimmenzahl kommen ins Finale. Je nach Gruppensituation kann es auch sinnvoll sein, die Abstimmung nicht offen durch Handzeichen, sondern durch Verteilen von Klebepunkten erfolgen zu lassen. Dann haben »lautstarke Meinungsführer« kein leichtes Spiel.
Ideal ist es, wenn die Abstimmung über das endgültige Thema/ Symbol von der Gesamtgruppe getroffen wird, etwa anlässlich

eines Projekttages. Das erfordert eine rechtzeitige Planung. Im Laufe der Jahre habe ich den Abstimmungsprozess immer weiter nach vorne verlegt, weil manche Symbole recht aufwändig in der Gestaltung sind. Nicht immer liegt die Umsetzung gleich auf der Hand. Es müssen Materialbeschaffung, Trocknungszeiten und besondere Umstände reflektiert werden.

Eine Gruppe hatte sich das Thema »Wir sind eine Brücke« gewählt. Ihr Symbol sollte aber nicht nur grafisch umgesetzt werden. Sie wollten eine wirklich begehbare Brücke haben. Allein dies war bereits eine große Herausforderung, denn eine Brücke muss nach Brücke aussehen und in der Statik so stabil sein, dass nichts bricht. Zu diesem Jahrgang gehörten aber auch fünf Kinder mit unterschiedlich starken Behinderungen. Wenn dieses Symbol gewählt wurde, dann mussten auch sie mit dem Rollator bzw. einer Hilfsperson die Brücke überschreiten können. Was das konkret bedeutete, können Sie im Kapitel »Komm, wir bauen eine Brücke«, S. 132ff., nachlesen.

Für die endgültige Abstimmung hat jedes Gruppenmitglied nur eine Stimme. Vorher kann noch für das eigene Thema »geworben« werden. Wichtig ist dabei, es möglichst nicht zu Situationen mit Kampfabstimmungen kommen zu lassen. Daher gehört neben dem Werben für das eigene Thema auch, etwas Gutes und Interessantes an der/den Alternative/n zu suchen und zu benennen. Glücklicherweise gibt es meistens einen klaren Favoriten. Natürlich kommunizieren die Gruppen in den Pausen auch miteinander.
Steht das Thema bzw. das Symbol für den jeweiligen Jahrgang durch Abstimmung fest, werden die verschiedenen Aspekte und Unterthemen bedacht. Die Gruppen erhalten die Aufgabe, in den nächsten zwei bis drei Wochen Zeitungsartikel, Bilder, Geschichten etc., die zum Thema passen könnten, zu sammeln. Also sollte die Aufschlüsselung des Themas in die entsprechenden Stichworte rechtzeitig erfolgen.

Alle Ergebnisse werden an einem Projekttag zusammengeführt, in dem der Vorstellungsgottesdienst am nächsten Sonntag fertig konzipiert und geprobt wird.
Für die weitere Umsetzung der Vorstellungsgottesdienste sei auf die ausgeführten Themen verwiesen.

Die Abfassung eines eigenen Glaubensbekenntnisses

Mit dem Vorstellungsgottesdienst endet für meine Konfirmandinnen und Konfirmanden die Unterrichtszeit und es beginnt die Zeit der Konfirmationsvorbereitung.
Ein wesentliches Element ist die Abfassung eines eigenen Glaubensbekenntnisses für die Gruppe. In manchen Gemeinden gibt es noch Formen des Gelöbnisses oder die Konfirmandengruppe spricht ein vorformuliertes Bekenntnis. Nur selten können sich Jugendliche damit identifizieren. In keinem Fall aber kommen ihre eigenen Worte und Anliegen darin vor. Daher bemühe ich mich immer, den Jugendlichen das Finden der eigenen Glaubensgrundsätze zu ermöglichen.

Eigene Glaubenssätze finden

Die Jugendlichen erhalten von mir ein Arbeitsblatt mit folgender Aufgabenstellung:

ARBEITSBLATT
Glaubensbekenntnis der Konfirmanden

Zur Konfirmation soll es kein Gelübde oder hohle Verspre-
chen geben, sondern es soll nur das über euren Glauben
gesagt werden, was auch zutrifft. Das ist sicher unfertig und
auch vorläufig. Manches wird sich ändern im Lauf der Jahre.
Aber für den Tag eurer Konfirmation ist es stimmig. Darum
nehmt euch Zeit. Sucht euch eine ruhige Ecke. Wenn es hilfreich ist, könnt ihr euch auch mit anderen Konfis bespre-
chen.
Ihr sollt im Folgenden eure eigenen Glaubenssätze formulieren. Sie können frei formuliert sein, oder ihr schreibt sie
aus anderen modernen Bekenntnissen ab.
Lest also im roten Liederbuch (ML I) die Seiten 22–25 und
im grünen Liederbuch (ML II) die Seiten 40–42. Nehmt bei
Bedarf auch die Seiten 1243–1248 im dicken Kirchenge-
sangbuch (EG) hinzu. Schreibt genau die Sätze oder Satzteile auf, die ihr gut findet. In dem einen Bekenntnis können das zwei oder drei Sätze oder Satzteile sein, in dem
nächsten vielleicht keiner.

Meine Glaubenssätze:

1.

2.

3.

4.

5.

6.

7.

8.

Jeder soll sein Arbeitsblatt mit seinem Namen versehen, allerdings mit der Zusicherung, dass alle Sätze später anonym weitergegeben und abgestimmt werden. Auf diese Weise entsteht eine mehr oder weniger lange Liste von einzelnen Glaubenssätzen, die ich selbst nur grob ordne nach der Grundstruktur des Credo: Sätze über Gott bzw. den Schöpfer, Sätze über Jesus und Sätze über den Heiligen Geist, die Kirche und anderes.

So hat in einem Jahrgang eine solche Liste ausgesehen:

Glaubenssätze Konfirmation 1. Gruppe

Ich glaube an *Gott*, den Vater, den Allmächtigen,

den Schöpfer des Himmels und der Erde.

Ich glaube, dass Gott diese Welt in seinen Händen hält.

Unsere Erde ist nur ein kleines Gestirn im großen Weltall.
Unsere Aufgabe ist es, daraus einen Planeten zu machen,
dessen Geschöpfe nicht von Kriegen gepeinigt werden,
nicht von Hunger und Furcht gequält werden.

Ich glaube nicht an die sinnlose Trennung
nach Rasse und Hautfarbe oder Weltanschauung.

Gott, gib uns den Mut und die Voraussicht,
schon heute mit diesem Werk der Erhaltung der Schöpfung
zu beginnen, dass unsere Kinder und Kindeskinder einst
mit Stolz den Namen Mensch tragen.

Ich glaube, dass Gott für mich das Leben will und nicht den
Tod, die Freude und nicht die Trauer. Er ist ewig bei mir.

Weil Gott die Menschen liebt, bricht er die Macht des Bösen.

Ich glaube, dass Gott so groß ist, dass ich ihn niemals ganz
begreifen kann. Er ist da, ohne dass ich ihn sehe.

Ich glaube, dass Gott aus allem, auch aus dem Bösesten, Gutes
entstehen lassen kann und will. Dafür braucht er Menschen, die
sich alle Dinge zum Besten dienen lassen.

Weil Gott die Macht ist, kann kein anderer über uns herrschen.

Gott gibt uns in jeder Notlage so viel Widerstandskraft,
wie wir brauchen.

Ich glaube, dass ich mich nie so weit von Gott entfernen kann,
dass es keinen Weg zurück gibt.

~ ~ ~

Ich glaube an *Jesus Christus*, seinen eingeborenen Sohn,
unsern Herrn.

Jesus und der Heilige Geist sind für uns da und machen
das Unmögliche möglich.

Er sitzt zur Rechten Gottes, des allmächtigen Vaters.

Ich glaube an die Jungfrau Maria.

Jesus gab denen, die Hunger hatten, zu essen.

Er gab denen, die im Dunkel lebten, das Licht.

Er gab denen, die im Gefängnis saßen, die Freiheit.

Er gab denen, die unter dem Gesetz litten, die Liebe.

Ich glaube, dass Jesus uns den rechten Weg ins Leben zeigt.

Er gibt mir den Sinn des Lebens.

Jesus Christus ist der Sohn Gottes und unser Bruder und Erlöser.

Jesus war ein Gott unter uns Menschen.

Jesus sitzt zur Rechten Gottes, des allmächtigen Vaters,
und richtet die Lebenden und die Toten.

Ich glaube an den Sohn Gottes, der uns geholfen hat,
das Böse zu überwinden.

Jesus zeigte uns einen menschlichen Glauben,
weil auch er ein Mensch war.

Jesus versteht uns bis in unser Herz hinein.

Ich glaube an Jesus, der uns den Glauben lehrt und uns hilft,
in der Welt zu bestehen.

Jesus musste für uns leiden und starb am Kreuz.

~ ~ ~

Ich glaube an den *Heiligen Geist*, der unter uns lebendig ist
und weht, wo er will.

Ich glaube, dass der Geist Gottes uns verbindet.

Ich glaube an die Gemeinschaft der Heiligen,
dass sie da wirken,
wo Gott sie hinstellt.

Ich glaube an die Macht der Liebe, die das Böse bricht.

Ich glaube an die Auferstehung der Toten
und das ewige Leben.

Ich glaube an die Vergebung der Sünden.

Ich glaube, dass Gott kein zeitloses Fatum ist,
sondern dass er auf aufrichtige Gebete und
verantwortliche Taten wartet und antwortet.

Ich glaube an Freunde, die mir helfen, wieder aufzustehen
und mich schützen vor Gefahren.

Ich glaube an meine Familie, die zu mir hält und mit mir
kämpft und immer für mich da ist.

Ich glaube an den Tod und das Leben, egal wie lange …

Am Tage des Jüngsten Gerichts wird jeder seine
gerechte Strafe empfangen

Ich glaube an die Vernunft, uns nicht selber zu schaden
und Tiere und Natur nicht unnötig zu zerstören.

Glaubenssätze Konfirmation 2. Gruppe

Ich glaube an *Gott*.

Ich glaube nur an den einen Gott.

Ich glaube an den Schöpfer der Welt.

Ich glaube an die Güte Gottes.

Ich glaube an Gott, der die Menschen liebt.

Ich glaube an die heilende Kraft Gottes.

Ich glaube nicht daran, dass Gott die Welt erschaffen hat.

Ich glaube daran, dass die Welt durch den Urknall entstanden ist.

Ich glaube daran, dass vor Gott alle Menschen gleich sind.

Ich glaube, dass Gott für die Welt eine Ordnung will.

Ich glaube, dass das Universum unendlich ist.

Ich glaube, dass Gott uns in jeder Notlage so viel
Widerstandskraft geben will, wie wir brauchen.

Ich glaube, dass ich nicht allein bin.

Ich glaube nicht, dass Adam und Eva die ersten Menschen sind.

~ ~ ~

Ich glaube an *Jesus Christus*, geboren von Maria, gelitten unter
Pontius Pilatus, gekreuzigt, gestorben und begraben.

Er wurde nicht empfangen durch den Heiligen Geist.

Er ist nicht auferstanden am dritten Tag.

Ich glaube nicht daran, dass Jesus, wie es beschrieben wird,
heilen konnte.

Ich glaube an die Jungfrau Maria.

Er ist möglicherweise aufgefahren in den Himmel.

Ich glaube daran, dass Jesus wiederkommen wird.

Ich glaube, dass Jesus mir den Weg durch das Leben zeigt.

~ ~ ~

Ich glaube an den *Heiligen Geist*.

Ich glaube an die Gemeinschaft der Heiligen.

Ich glaube an die christliche Kirche.

Ich glaube, dass der Geist uns verbindet.

Ich glaube, dass ich in der Gemeinschaft bin.

Ich glaube, jedem Menschen wird eine Aufgabe zugewiesen.

Ich glaube, dass die Schule nicht alles Wissen im Leben sein wird.

Ich glaube, dass wir unser Schicksal ändern können.

Ich glaube nicht an das Schicksal.

Ich glaube nicht an das Recht des Stärkeren, an die Stärke der Waffen und die Macht der Unterdrücker.

Ich glaube, dass wir mit der Gemeinschaft in schweren Zeiten zusammenhalten sollten.

Ich glaube an Schutzengel.

Ich glaube nicht an das ewige Leben /
ein Leben nach dem Tod.

Ich glaube nicht an das Glück der Reichen.

Ich glaube, dass die Seele nach dem Tod in den Himmel kommt.

Ich glaube an ein Leben nach dem Tod.

Ich glaube, dass wir in den Himmel kommen.

Ich glaube nicht, dass der Tod das Ende ist.

Ich glaube an die Liebe.

Ich glaube an den Frieden /
dass man alle Probleme friedlich lösen kann.

Ich glaube nicht, dass Kriege unvermeidlich sind.

Ich glaube an die Hoffnung.

Ich glaube an die Liebe auf den ersten Blick.

Ich glaube, dass wir unser Leben selbst in der Hand haben.

Ich glaube an die Vergebung der Sünden.

Ich glaube an die letztendliche Einsicht der Menschen.

Ich glaube daran, dass die Sintflut da war.

Ich glaube nicht an den Teufel.

Ich glaube nicht an das Fegefeuer.

Diese Listen sind gänzlich ungefiltert. Das Raster hilft, die einzelnen Sätze übersichtlich zu halten. Aus manchen Sätzen wird die Quelle ersichtlich, weil sie aus anderen Bekenntnissen entsprechend der Aufgabe abgeschrieben wurden. Aber auch selbst formulierte Sätze finden sich in der Auflistung. Hat man zwei Konfirmationen oder evtl. sogar drei im gleichen Jahrgang, bleibt das verbindende Symbol dasselbe. Das Glaubensbekenntnis der Konfis kann und muss sich unterscheiden, weil ja die Jugendlichen ganz verschieden zusammengesetzt sind und natürlich jeweils ihre individuellen Glaubenssätze einbringen.

Der Abstimmungsprozess für das Bekenntnis der Konfirmationsgruppe

In einem zweiten Arbeitsschritt bekommen die Konfis die Liste ihrer Gruppe zunächst für eine Stillarbeit. Jeder und jede soll die Sätze bedenken und persönlich werten. Über jeden einzelnen Glaubenssatz wird später nach folgendem Modus abgestimmt:

- Ein Plus + bekommen alle Sätze, die jemand persönlich gut findet und die im Glaubensbekenntnis der Gruppe vorkommen sollen.
- Einen Kreis O bekommen die Sätze, die jemandem persönlich nicht so wichtig sind, die man aber mitsprechen könnte und würde, wenn andere sie wichtig finden.
- Ein Minus – bekommen alle Sätze, die jemand keinesfalls mitsprechen kann oder möchte.

Dieses erste Abstimmungsverfahren ist auf Mehrheiten bezogen. In den Entwurf für das Bekenntnis der Gruppe kommen alle Sätze, die eine eindeutige Mehrheit bekommen haben. Es kommen auch die Sätze hinein, die nur wenig Gegenstimmen und nur eine relative Mehrheit erhalten haben, d.h., viele Konfis würden diese Sätze mitsprechen, einigen sind sie wichtig und nur wenige haben Probleme damit. Daraus entstehen zwei Entwürfe.

Von den Glaubenssätzen zum Bekenntnis

GLAUBENSBEKENNTNIS KONFIRMATION 1. GRUPPE

Wir glauben an Gott, den Vater, den Allmächtigen, den Schöpfer des Himmels und der Erde.
Er gibt uns in jeder Notlage so viel Widerstandskraft, wie wir brauchen. Weil Gott die Menschen liebt, darum bricht er die Macht des Bösen.
Wir glauben an Jesus Christus, seinen eingeborenen Sohn, unsern Herrn. Er gab denen, die Hunger hatten, zu essen. Er gab denen, die im Dunkeln lebten, das Licht. Er gab denen, die unter dem Gesetz litten, die Liebe. Jesus musste für uns leiden und starb am Kreuz, doch nun sitzt er zur Rechten Gottes und wird Lebende und Tote richten.
Wir glauben an die Jungfrau Maria und die Heilige christliche

Kirche, an die Macht der Liebe, die das Böse bricht, und die Vergebung der Sünden.
Wir vertrauen darauf, dass Gott uns Menschen zur Seite stellt, Freunde, die uns helfen, wieder aufzustehen, und die uns schützen vor Gefahren, unsere Familien, die zu uns halten, mit uns kämpfen und immer für uns da sind.
Wir glauben, dass der Geist Gottes uns untereinander verbindet.
Amen.

GLAUBENSBEKENNTNIS KONFIRMATION 2. GRUPPE

Wir glauben an Gott. Er ist der eine Gott, Schöpfer der Welt und heilende Kraft.
Wir vertrauen auf seine Güte und dass er die Menschen liebt. Das ist die Ordnung, die Gott für die Welt will: Vor ihm sind alle Menschen gleich.
Deshalb glauben wir nicht an das Recht des Stärkeren, an die Stärke der Waffen und die Macht der Unterdrücker. Wir sollten als Gemeinschaft vielmehr in schweren Zeiten zusammenhalten.
Wir glauben, dass Gott uns in jeder Notlage so viel Widerstandskraft geben will, wie wir brauchen, er lässt uns nicht allein.
Wir glauben an Jesus Christus, geboren von Maria, gelitten unter Pontius Pilatus, gekreuzigt, gestorben und begraben.
Wir glauben an den Heiligen Geist und die christliche Kirche. Wir sind in dieser Gemeinschaft und glauben an die Hoffnung, den Frieden, der erreichbar ist, und dass ein Schutzengel uns begleitet. Dennoch haben wir unser Leben selbst in der Hand und wissen: wir können unser Schicksal ändern. Dazu vertrauen wir auf die Liebe, auch die Liebe auf den ersten Blick, und glauben an die Vergebung der Sünden.
Wir glauben nicht, dass der Tod das Ende ist, und fürchten uns vor keinem Fegefeuer. Vielmehr vertrauen wir darauf, dass unsere

Seelen nach dem Tod in den Himmel kommen. Wir hoffen es und wissen, dass die Schule nicht alles Wissen im Leben sein wird. Amen.

Diese Entwürfe gehen noch einmal durch den Filter des Minderheitenschutzes. Es könnte ja sein, dass jemand zwar überstimmt wurde, aber mit der einen oder anderen Aussage persönliche Schwierigkeiten hat. Diese sollen dann möglichst ausgeräumt werden, in dem auf einen Satz des Bekenntnisses verzichtet oder eine neue Formulierung gefunden wird.

Die beiden Abstimmungsverfahren mögen befremdlich anmuten und sie sind in der Praxis zum Teil langatmig und nervig. Dennoch bin ich immer wieder erstaunt, welch unterschiedliche Bekenntnisse dabei herauskommen. Theologisch wird man bei manchen Formulierungen Anfragen stellen können, aber hier wird keine systematische Theologie geschrieben, sondern der Versuch einer persönlichen Positionsbestimmung unternommen. In jedem Fall liegt in diesen Bekenntnissen ein sehr hohes Maß an Authentizität, und darauf kommt es mir im Konfirmationsgottesdienst an.

Weitere Beispiele für Glaubensbekenntnisse von Konfirmandinnen und Konfirmanden

Hier noch einige Beispiele, die alle durch das gleiche Verfahren entstanden sind.

Wir glauben, dass Gott so groß und unergründlich ist, dass wir ihn niemals ganz begreifen können. Er hat Himmel und Erde geschaffen, und zugleich ist er für uns Menschen wie ein Vater. Vor ihm sind wir alle gleich, egal, welche Hautfarbe wir haben. Niemand kann ihn sehen, aber er ist da wie ein guter Freund und wir können auf seine Hilfe zählen. Er beschützt uns, hilft uns in Notlagen und vergibt sogar denen, die ein Verbrechen begangen haben.

Manchmal aber fällt es uns auch schwer, zu glauben, weil es so viel Krieg, Not und Elend gibt. Dennoch glauben wir, dass Gott auf aufrichtige Gebete und verantwortliche Taten wartet und antwortet.

Wir glauben an Jesus Christus. Er öffnet uns die Augen für die Armen in der Welt. Er liebt die Menschen und auch uns. Aber wir geben zu wenig Liebe weiter.

Er zeigt uns den richtigen Weg im Leben und hat sich für uns und unseren Egoismus geopfert, damit wir über unseren Lebensweg nachdenken und zur Besinnung kommen. Dafür hat Gott ihn von den Toten auferweckt.

Wir vertrauen darauf, dass auch für uns mit dem Tod nicht alles aus ist, dass es ein Leben nach dem Tod gibt, ein ewiges Leben, auch wenn wir nicht wissen, wie das sein kann. Amen.

Wir glauben, dass Gott so groß ist, dass wir ihn niemals ganz begreifen können, dass er da ist, ohne dass wir ihn sehen. Er lässt uns nicht allein, wenn wir in Not sind! Gott ist gerecht und gütig. Immer wieder verzeiht er uns, weil er uns liebt. Er urteilt nicht nach menschlichen Maßstäben, jeder kann zu ihm kommen und zu ihm beten. Vor ihm gilt nicht, ob wir groß oder klein, Mann oder Frau, stark oder schwach, angesehen oder verachtet sind. Vor ihm sind wir alle gleich – als seine Kinder.

Wir glauben an Gottes Liebe. Jesus hat Menschen diese Liebe Gottes nahegebracht und vorgelebt. Menschen können ohne Liebe, Freundschaft und Freiheit nicht richtig leben.

Wir glauben, dass Gott aus allem, auch aus dem Bösesten, Gutes entstehen lassen kann und will, und so beten wir: Gott, rette uns und die Welt vor dem Untergang, bevor es zu spät ist, und gib uns die Kraft, uns für diese Welt und alle Geschöpfe einzusetzen. Amen.

Wir glauben an Gott, unseren Schöpfer und den Schöpfer der Welt. Er wird immer leben. Allerdings glauben wir nicht, dass er über den

*Menschen schwebt, wie manche Leute sagen. Gott kann aus allem,
auch aus dem Bösesten, Gutes entstehen lassen und will es auch.
Und doch denken wir manchmal: Es ist hoffnungslos, in dieser Zeit
an den Frieden zu glauben. Dann fällt es uns schwer, auf Gott zu
vertrauen.*

*Wir glauben, dass Gott versucht, jedem Menschen zu helfen, soweit
es geht. Er kann verzeihen, vergibt uns unsere Sünden und lässt uns
nicht allein. Wir glauben vielmehr, dass jeder von uns einen Schutzengel hat, der uns begleitet. So glauben wir auch an ein Leben nach
dem Tod. Amen.*

Ich drucke seit einigen Jahren diese Bekenntnisse auch im Konfirmationsprogramm ab. Sie werden so verständlicher, weil sie
nicht nur einmal gehört, sondern auch nachgelesen werden können. Außerdem werden ansprechende Programme vom Konfirmationsgottesdienst oft als Andenken verwahrt.

Es wäre spannend, die Konfirmandinnen und Konfirmanden nach
fünf Jahren noch einmal einzuladen, um in einer Art Glaubens-
kurs für junge Erwachsene über das Glaubensbekenntnis zur Konfirmation zu sprechen. Was würden sie nach dieser Zeit immer
noch so sagen? Welche Änderungen oder Ergänzungen müssten
für eine gereifte Glaubensposition vorgenommen werden? Oder
gab es eher Stillstand?

Denkbar ist auch, in einem Projekt mit den Eltern oder vielleicht
sogar den Großeltern über das Bekenntnis der Jugendlichen zu
sprechen. Die sind nämlich oft ebenfalls recht erstaunt, was ihre
Kinder bzw. Enkel formuliert oder an Formulierungen ausgewählt
haben. Es könnte ein Anstoß sein, aus einer anderen Lebensphase
bzw. Lebensperspektive die eigenen Glaubensvorstellungen zu
reflektieren und zu formulieren.

Konfirmandenbekenntnis und Apostolicum

In jedem Fall ist im Konfirmationsprogramm auch das Apostolicum abgedruckt. Der Text, obwohl von den Konfirmandinnen und Konfirmanden nach wie vor auswendig zu lernen, ist längst nicht mehr selbstverständlich allen Teilnehmern eines Konfirmationsgottesdienstes vertraut. So wird einerseits ein Mitsprechen und damit Partizipation der Gottesdienstgemeinde möglich. Zum anderen liegt ein gewisser Reiz auch in dem direkten Vergleich beider Bekenntnisse, etwa in der langen Phase der Segnungen.

Einleitung zum Apostolicum

Im Konfirmationsgottesdienst leite ich das Apostolicum mit folgenden Worten ein:

In der Frühzeit der Kirche haben Christen vor ihrer Taufe ihren Glauben in Worte gefasst, die uns als Apostolisches Glaubensbekenntnis überliefert sind.
Manches würden wir heute für unseren persönlichen Glauben anders ausdrücken. Manchem würden wir widersprechen, anderes hinzufügen und betonen. Nichts wird in diesem Gebet zum Beispiel von der Liebe Gottes gesagt, obwohl eine der wichtigen Aussagen im Neuen Testament betont: Gott selbst ist die Liebe!
Auch anderes fehlt oder müsste anders ausgedrückt werden. Jede Generation und jeder Mensch muss das auf seine bzw. ihre Weise tun.

Die Konfirmandinnen und Konfirmanden haben ein eigenes Glaubensbekenntnis formuliert und werden es nachher sprechen.

> Und dennoch brauchen wir ein einigendes Band, einen Aus-
> druck unseres Glaubens, der uns verbindet durch die Ge-
> schichte der Christenheit mit denen, die vor uns waren, und
> in der Gegenwart mit den vielen verschiedenen christlichen
> Konfessionen. So ist dieses alte Gebet ein einigendes Band
> der Ökumene.
> In diesem Sinne lasst es uns nun sprechen. Nehmen Sie sich
> die Freiheit, Sätze, die Ihnen als Zumutung erscheinen, weg-
> zulassen.

Diese Einleitung, so wurde mir immer wieder versichert, entwer-
tet die alten Worte des Credo (die ja immerhin Bekenntnisschrift
sind) nicht, sondern stellt sie in einen Zusammenhang. Und es
wird ein Bezug zur immer neuen Aufgabe, eigene Worte für den
persönlichen Glauben zu finden, hergestellt. Die Konfirmandinnen und Konfirmanden leben diesen Schritt exemplarisch vor.

Konfirmationsbefragung und Glaubensbekenntnis
der Konfirmandinnen und Konfirmanden

Mit der Einleitung des Credo korrespondiert die Einleitung des
Glaubensbekenntnisses der Konfis und die Konfirmationsbefragung mit der abschließenden Segnung. Die erneuerte Konfirma-
tionsagende der VELKD und der EKU von 2001 macht hier in den
Formulierungen einen deutlichen Schritt nach vorne. Dennoch
halte ich es für sinnvoll, im Sinne einer möglichst großen Authentizität nach eigenen Worten zu suchen. Die können nicht für alle
gleich sein, sollten aber die gemeinsame Konfirmandenzeit, die
nun zu Ende geht, ebenso erinnern wie die eigene Taufe.

Konfirmationsbefragung I

Liebe Konfirmandinnen und Konfirmanden!

In eineinhalb Jahren Unterricht haben wir miteinander Spuren Gottes gesucht auf Menschenstraßen, und uns erging es wie den Fährtensuchern:
Manchmal lag seine Spur klar und eindeutig vor uns, wir spürten Gottes Nähe.
Manchmal waren die Spuren auch verwischt und mehrdeutig, und vielleicht haben wir die eine oder andere sogar selbst zertrampelt, weil wir nicht aufmerksam genug waren.
So erinnere ich euch an eure Taufe. Damals haben Eltern und Paten stellvertretend für die meisten von euch gesprochen. Nun aber, nachdem ihr in der Zeit des Unterrichts erste Schritte auf dem Weg des Glaubens ausprobieren konntet, sollt ihr selber antworten, vor der Gemeinde und ihren Presbyterinnen und Presbytern – und vor Gott:
Wollt ihr euch zu dem Gott halten, der das Leben erhalten will, der euch durchs Leben begleitet alle Tage bis an der Welt Ende und euch in diesem Glauben stärken und konfirmieren lassen, so antwortet: Ja, ich will!

Antwort

Für das, was euren Glauben ausmacht, habt ihr eigene Worte gefunden und wir haben sie in einem Glaubensbekenntnis zusammengefasst. Das lasst uns nun sprechen:

Glaubensbekenntnis der Konfirmandinnen und Konfirmanden

Wir wollen diese Jugendlichen jetzt segnen, ihnen Mut zusprechen für den Weg des Glaubens, der Hoffnung und der Liebe, für den Weg, der zum Frieden führt.

Wir tun das im Namen Gottes, im Vertrauen auf Jesus Christus und in der Gewissheit, dass sein Heiliger Geist bei uns
ist.

Segnungen

Konfirmationsbefragung II

Liebe Konfirmandinnen und Konfirmanden!

Die meisten von euch wurden nicht gefragt bei ihrer Taufe.
Das ging auch schlecht, denn bis auf einige wenige wart ihr
alle noch Babys. Eure Eltern und Paten haben stellvertretend
für euch geantwortet.
Heute gehen eineinhalb Jahre Unterricht zu Ende. In dieser
Zeit habt ihr so manches erfahren über den christlichen
Glauben, die Kirche und die Gemeinde, in die ihr hineingetauft
worden seid.

Manches habt ihr eher erlitten, weil es dazugehört. Manchmal wart ihr ganz und gar dabei, weil ein Thema so lebendig
wurde, weil da mehr war und Gottes Nähe mindestens für
einige spürbar und erfahrbar wurde ... *(möglichst ein Beispiel
aus der gemeinsamen Konfi-Zeit nennen).*
Heute nun werdet ihr gefragt. Ihr seid alt genug, selbst zu
antworten und zu entscheiden, ob und wie der Glaube in
eurem Leben wichtig und lebendig werden und bleiben soll,
in aller Vorläufigkeit und Unsicherheit, mit allen Fragen, den
alten und den neuen.
So frage ich euch vor Gott und dieser Gemeinde mit ihren
Presbyterinnen und Presbytern:
Wollt ihr Ja sagen zu eurer Taufe und euch zu dem Gott
halten, der Quelle des Lebens ist? Wollt ihr euch in diesem

Glauben stärken und das heißt konfirmieren lassen, so antwortet: Ja, ich will!

Antwort

Für das, was euren Glauben ausmacht, habt ihr eigene Worte
gefunden und wir haben sie in einem Glaubensbekenntnis
zusammengefasst. Das lasst uns nun sprechen:

Glaubensbekenntnis der Konfirmandinnen und Konfirmanden

Segnungen

Segnung der Konfirmandinnen und Konfirmanden

Zur Segnung treten gewöhnlich Kleingruppen an den Altar. Ich
plädiere dringend dafür, keinen Gruppensegen nach dem Gieß-
kannenprinzip zu sprechen, sondern jedem Jugendlichen in der
Kleingruppe die Hände einzeln auf den Kopf zu legen und ihn zu
segnen. Segen muss als ein »Anrühren« spürbar und erfahrbar werden. Für mich fließt in diesen Segnungen Kraft. Ich merke das sehr
deutlich, wenn die Segnungen vorüber sind, an einer gewissen »Er-
schöpfung«. Es sind sehr dichte Momente, in denen die gemeinsame Zeit mit Höhen und Tiefen vor dem inneren Auge vorbei-
zieht. Manche Konfis suchen dabei den Blickkontakt, andere genau
das Gegenteil. Selten entlädt sich die Dichte der Situation in einem
Kichern, denn diesen Part übe ich in einer Generalprobe intensiv
mit den Jugendlichen. So wissen sie, was auf sie zukommt und
können sich entsprechend einstellen. Leider steht dieser Form des
Segnens die Haarmode mit Sprays und Gels und Glitter etwas entgegen. Ich bitte bereits im Vorfeld um »sparsamste Verwendung«.

An diesen Segnungen beteilige ich auch die Jugendleiterin oder
den Jugendleiter sowie ehrenamtliche Teamer, die die Konfis von
den Projekttagen und dem Konfirmandenwochenende kennen.
Der Ablauf ist folgender: Die Kleingruppe (3–5 Konfis) treten
zum Altar. Ich übergebe ihnen die Konfirmationsurkunde und
spreche den Konfirmationsspruch, den die Jugendlichen sich
selbst aussuchen durften. Der Konfirmationsspruch muss nicht
auswendig gelernt werden, soll aber auf einem Segensband farbig
geschrieben und individuell gestaltet werden. Die Ehrenamtlichen
legen im Wechsel mit der Jugendleiterin oder dem Jugendleiter
die Segensbänder mit dem Konfirmationsspruch um die Konfis.
Anschließend segne ich jede Einzelne und jeden Einzelnen unter
Handauflegung mit den Worten:

> Gottes Segen leite und schütze dich.
> Er gebe dir Mut zum Leben, Kraft für deine Aufgaben und
> Menschen, die bei dir bleiben!
> Amen.

Anschließend tritt die Kleingruppe vom Altar zurück in den großen Halbkreis, bis alle gesegnet sind. Durch die Segensbänder
auch optisch verändert, verlassen sie den Altarraum.
Diese Form der Segnung kostet Zeit, je nach Größe der Gruppe
manchmal 10 bis 12 Minuten. Diese Zeit ist aber angemessen und
notwendig. Schließlich ist die Segnung das Zentrum der »Kasualie Konfirmation«. Die Gottesdienstgemeinde ist an mindestens
einer Segnung besonders beteiligt bzw. interessiert. Es gibt während der Segnungen keine musikalische Untermalung. Obwohl
die Kirche bei den Konfirmationen häufig mit 400–500 Menschen
gefüllt ist, herrscht aller Erfahrung nach ein hohes Maß an Ruhe
und Konzentration. Ich kann nur noch einmal Mut machen, diese
Form der Segnung auszuprobieren, wenn sie nicht längst eigene
Praxis ist.

Zuspruch der Konfirmationsrechte

Nach den Segnungen erfolgt neben einem Grußwort und der Gra-
tulation der Zuspruch der Konfirmationsrechte. Dies sollte möglichst durch ein Mitglied des Presbyteriums und nicht durch die
Pfarrerin oder den Pfarrer erfolgen. Es könnte mit folgenden oder
ähnlichen Worten geschehen.

Liebe Konfirmandinnen und Konfirmanden!

Ich heiße ... und gratuliere euch im Namen des Presbyteriums ganz herzlich zu eurer Konfirmation. Dies ist ein großer
Tag für euch und eure Familien. Genießt ihn! Ab heute seid
ihr vollgültige Gemeindeglieder.
Ihr dürft in Zukunft Patin bzw. Pate werden, euch an den
kirchlichen Wahlen beteiligen, später kirchlich heiraten und
in besonderen Ausnahmefällen sogar taufen, so wie ihr es im
Unterricht besprochen habt. Das Recht dazu spreche ich
euch hiermit zu.

Heute werdet ihr Brot und Wein in die Gemeinde tragen und
so ebenfalls zeigen, dass ihr alle gemeindlichen Rechte
habt.
Rechte leben allerdings auch davon, dass man sie wahrnimmt.
Darum lade ich euch ein, euch am Leben der Gemeinde zu
beteiligen. Dies kann durch Übernahme von Aufgaben zum
Beispiel im Bereich der Kinder- und Jugendarbeit geschehen.
Auch eure Anregungen und eure Kritik wollen wir hören. Und
vielleicht ist schon bald der eine oder die andere Patin oder
Pate.
Den Patinnen und Paten, die euch begleitet haben, und die
hier im Gottesdienst an eurer Konfirmation teilnehmen,
möchte ich für die Übernahme dieses kirchlichen Ehrenamtes

danken und sie zugleich von den übernommenen Verpflich-
tungen entbinden. Das bedeutet natürlich nicht, dass lebendige Beziehungen nun abgebrochen werden sollen, aber Ihre
originäre Aufgabe als Patin oder Pate ist erfüllt. Schön wäre,
wenn Sie diesen Jugendlichen eine Vertrauensperson bleiben.
Herzlichen Dank!

Fürbittengebet und Lieder
im Vorstellungs- und Konfirmationsgottesdienst

Natürlich sollen im Sinne der Partizipation die Konfirmandinnen
und Konfirmanden auch hier beteiligt werden. Zum Vorstellungsgottesdienst schreiben sie in der Regel ein auf das Thema bezoge-
nes Fürbittengebet. Zur Konfirmation frage ich mit einem Arbeitsblatt die Gebetsanliegen und Liedwünsche ab. Außerdem
können sich Konfis melden, die bereit sind, freiwillig im Konfirmationsgottesdienst einen Text oder ein Gebet zu sprechen. Es
finden sich immer einige Jugendliche, manchmal sogar mehr, als
Sprechrollen zu vergeben sind. Auch dies ist für mich ein Zeichen
der Identifikation mit der eigenen Konfirmation.

ARBEITSBLATT
Fürbittengebet und Lieder zur Konfirmation

Name: ...

Zum Konfirmationsgottesdienst gehören auch Gebete. Es wäre schön, wenn sie nicht allgemein gehalten sind, sondern das aufnehmen, was für euch im Konfirmandenunterricht und für euer Leben von Bedeutung ist. Denkt noch einmal zurück an die gemeinsame Zeit in der Gruppe, die Freizeit, die Themen, die wir besprochen haben! Überlegt aber auch, wie euer Leben weitergehen soll. Welche Pläne und Hoffnungen, Ängste und Sorgen bewegen euch? Versucht nun, die angefangenen Sätze zu vervollständigen:

Ich bin dankbar für ...

Angst und Sorgen machen mir ...

Ich vertraue darauf, dass …

Ich erhoffe und wünsche mir …

Ich würde einen Gebetssatz im Konfirmationsgottesdienst mitsprechen: ja / nein

Als Lied im Konfirmationsgottesdienst wünsche ich mir:

Erfahrungsgemäß wiederholen sich altersbedingt und dem Anlass entsprechend viele Gebetsanliegen, so dass ich nur wenige Beispiele aufführe. Wenn es originelle Formulierungen gibt, sollten diese aber unbedingt in dem Fürbittengebet vorkommen.

Auch der Liedkanon zur Konfirmation wiederholt sich und konzentriert sich auf die »Konfi-Hitparade«. Gibt es allerdings besondere, insbesondere thematische Lieder, werden diese in dem jeweiligen Gottesdienstablauf festgehalten.

Fürbittengebet zur Konfirmation I

Pfarrerin/Pfarrer:

> Unser Danken und Hoffen, unser Bitten und Beten bringen wir vor Dich, Gott, in der Hoffnung, dass Du unsere Gebete hörst.

Konfi 1:

> Guter Gott, wir danken Dir, dass wir leben, und dass die meisten von uns ganz gut und abgesichert leben.
> Wir leben in einem Haus und nicht unter Wellblech oder Pappe. Wir leben in Sicherheit und haben einen Raum, in den wir uns zurückziehen können.
> Wir leben mit Menschen, die für uns da sind.
> Für viele Kinder dieser Erde ist das anders, zum Teil sogar in Deutschland. Wir danken Dir und bitten Dich: Lass uns die nicht alleine lassen, die einsam sind oder verzweifelt, die krank sind oder mutlos, die nicht wissen, wo sie abends schlafen werden.

Konfi 2:

> Wir sind dankbar für die Freude des heutigen Tages, das Fest und die Geschenke, die Zeit des Unterrichts und die neuen Leute, die wir kennengelernt haben.

Aber lass uns auch über den heutigen Tag hinaussehen. Wir bitten Dich um einen guten Schulabschluss und einen Beruf, der uns Freude macht. Lass uns gesund bleiben und lass unser Leben gelingen.

Konfi 3:

Guter Gott, wenn wir in die Welt blicken, wie sie ist, überkommt uns auch Angst und Sorge.
Werden wir von Unglücken und Katastrophen und Kriegen verschont bleiben?
Wie wird es weitergehen mit dem Klima?
Hilf uns, verantwortlich zu handeln, damit die Erde auch für unsere Kindeskinder noch bewohnbar und schön bleibt.

Konfi 4:

Wir bitten Dich um eine gute Gemeinschaft. Niemand kann in einer Stadt oder Gemeinde nur für sich alleine leben.
Gib uns Kraft und Mut für die Aufgaben, die das Leben für uns bereithält, damit wir uns füreinander einsetzen.
Schenke uns gute Begegnungen und Gespräche mit den Menschen, die heute gekommen sind, um diesen Tag mit uns zu feiern. Sei Du auch bei denen, die dazugehören, aber nicht kommen konnten.

Pfarrerin/Pfarrer:

Wenn unser irdisches Haus abgebrochen wird, sind wir doch nicht ohne Heimat und Schutz. Jesus sagt, in Deinem großen Haus wird ein Platz für uns sein.
Um diesen Platz bitten wir Dich insbesondere für N.N., die/den wir zu Grabe getragen haben. Lass sie/ihn Frieden finden bei Dir und tröste, die Trauer tragen, über ihren/seinen Tod.

Amen.

Fürbittengebet zur Konfirmation II

Pfarrerin/Pfarrer:

> Lasst uns beten.

Konfi 1:

> Gott, wir danken Dir für unser Leben, für unsere Gesundheit und alle Freude, die Du gibst. Wir danken Dir, dass wir verständnisvolle Eltern und Geschwister haben, dass Freunde, Verwandte und Paten für uns da sind.
> Das ist nicht selbstverständlich. Unser Leben könnte auch ganz anders verlaufen.
> Wir danken Dir und bitten Dich: Lass uns die nicht alleinelassen, die krank sind und einsam, die verzweifelt sind, Probleme haben und ohne Mut sind.

Konfi 2:

> Wir sind dankbar für alle Freude des heutigen Tages, das Fest und die Geschenke. Wir danken Dir aber auch für die Zeit des Unterrichts und die neuen Leute, die wir kennengelernt haben. Lass uns auch nach der Konfirmation Kontakt halten auf den neuen Wegen, die wir gehen.

Konfi 3:

> Guter Gott, wenn wir in die Welt blicken, überkommt uns auch Angst und Sorge. Wir denken an die Menschen, die in Kriegen ermordet, verwundet oder vertrieben werden. Das macht uns hilflos und belastet uns. Warum kann kein Friede sein? Lass Du die Menschen schnell zum Frieden finden, damit das Kämpfen und Sterben nicht noch länger dauert.

Konfi 4:

> Wenn wir in die Zukunft der Welt blicken dann macht uns die Zerstörung der Erde Angst. Werden wir noch eine Zu-

kunft haben? Wann wird wieder ein Atomkraftwerk explodieren? Schmilzt irgendwann doch das Eis an Nord- und Südpol? Dürfen wir aus Angst vor Hautkrebs bald nicht mehr hinaus in die Sonne?

Gott, warum lässt Du das zu und tust nichts dagegen? Warum tun wir nichts dagegen? Gib uns den Mut und die Kraft, die Fantasie und Entschlossenheit, uns für diese Welt einzusetzen und für alles, was darauf lebt.

Konfi 5:

Guter Gott, begleite Du uns auf unseren Lebenswegen, auf den hellen Wegen der Freude ebenso wie durch dunkle Tränentäler. Lass unser Leben gelingen, dass wir selbstständig und aufrecht leben können. Führe uns zu Dir zurück, wenn wir auf den Umwegen oder Irrwegen des Lebens gehen.

Pfarrerin/Pfarrer:

Gott, stehe den Eltern und allen, die Sorge tragen für diese Jugendlichen, bei. Gib ihnen die Kraft und das Vertrauen, sie in Schritten freizugeben, ohne sie aufzugeben.

Um Deinen Segen bitten wir Dich für alle, die heute gekommen sind, um diesen Freudentag zu feiern. Sei Du auch bei denen, die dazugehören, aber nicht kommen konnten.

Fürbitte für Verstorbene

Amen.

Gestaltung der Konfirmationsurkunden
mit einem Bild des Symbols

Die digitale Fotografie erlaubt es, ohne großen Aufwand die Konfirmationsurkunden für den jeweiligen Jahrgang selbst zu entwerfen. Dies ist insbesondere deshalb möglich, weil Vorstellungsgottesdienst und Konfirmation als Einheit verstanden werden. Konkret bedeutet dies, dass Fotomotive von dem verbindenden Symbol beim Vorstellungsgottesdienst durch den zeitlichen Vorlauf für die Konfirmation zur Verfügung stehen können. Fotos können selbst gemacht werden oder auch von Angehörigen zur Verfügung gestellt werden. Möglicherweise ist auch ein Elternteil aus dem Konfirmationsjahrgang bereit, die Konfirmationsurkunden zu entwerfen, wenn Vorlagen bereitgestellt werden.
Konfirmationsurkunden sollten persönlich sein und entsprechend gestaltet werden. Sie sind Dokumente der Lebensgeschichte. Mittlerweile sind selbst Abschlusszeugnisse oft nur noch ein Computerausdruck. Natürlich nutze auch ich die Möglichkeiten eines PC zur Arbeitsvereinfachung, aber der vollständige Name, das Geburtsdatum und das Taufdatum werden von mir immer noch per Hand mit der Feder in die Konfirmationsurkunde eingetragen. Ich verwende dazu einen Kalligrafie-Füller mit dokumentenechter Tusche.

Gestaltung des Gottesdienstprogramms
mit dem Jahrgangssymbol

Auch die Gestaltung des Gottesdienstprogramms sollte mit Sorgfalt geschehen. Der größere Teil der Gottesdienstgemeinde wird es vielleicht liegen lassen. Für die Konfirmanden und ihre Fami-

lienangehörigen ist es als Erinnerungsstück von besonderer Bedeutung. Leicht lässt sich mit dem Symbol des Jahrgangs eine
Einheit zwischen Urkunde, Programm und Thema herstellen. Ich
bin seit Jahren dazu übergegangen, ein DIN-A3-Format quer mit
einer Dreiteilung (Altarfaltung) zu verwenden. Erstens ist der
Textumfang durch den Abdruck des Credos und des Glaubensbekenntnisses der Konfirmandinnen und Konfirmanden umfang-
reicher als sonst. Zweitens sollten die Lieder mit Noten abgedruckt
sein, auch aus optischen Gründen. Drittens ist es schön, wenn das
Deckblatt sowohl das Foto als auch das Symbol und in gut lesba-
rer Schrift die Namen der Konfirmandinnen und Konfirmanden
trägt. Schließlich sind sie die Hauptpersonen des Tages. In der
Regel ist die Kirche bis auf den letzten Platz besetzt, also auch in
Ecken, die nicht so gut ausgeleuchtet sind. Dementsprechend
muss die Schriftgröße gewählt werden. Ich verwende in der Regel
eine 14pt-Schrift und meistens die Word-Schrift »Comic Sans
MS«.

»Wir bauen eine Stadt«

Ideensammlung und Erschließung des Themas

Eine Stadt symbolisiert seit alters her eine Gemeinschaft. Die Konfirmandinnen und Konfirmanden wollten jeweils ihr eigenes Haus bauen und zu einer Stadt zusammenfügen. Schnell wurde klar: eine Stadt ist keine Summe von Häusern. Es sind auch gemeinschaftliche Einrichtungen notwendig. Dies können Plätze oder Parks sein, aber auch Kirchen, Geschäfte, Fabriken, Schulen und Kindergärten, Museen, Krankenhäuser und Altersheime, Feuerwehr und Polizei, Friedhof oder Bahnhof, eine Sehenswürdigkeit bzw. ein historisches Gebäude, ein Denkmal und dergleichen mehr.

In früherer Zeit bot eine Stadt vor allem durch eine Stadtmauer Schutz vor Bedrohungen. Dahinter konnte man sich zurückziehen, wenn Feinde im Land standen. In der Stadt gab es Handwerker der verschiedenen Zünfte, die über besonderes Wissen verfügten. Sie war zugleich Zentrum einer Region als Marktplatz, Gottesdienstort und Gerichtsstandort. Daher haben Städte eine Geschichte, die sich im Stadtbild niederschlägt in Kirchen, Denkmälern, historischen Gebäuden und Besonderheiten wie z. B. engen Gassen oder sehr schmalen Häusern.

Prägend für eine Stadt kann ein Fluss sein, eine Berglage, ein Hafen, ein großer Industriekomplex, eine Universität oder ein Rohstoff, der in der Region gewonnen wird.

Städten, die noch eine sehr junge Geschichte haben und als Schlafstädte an Verkehrswegen entstanden sind, mangelt es häufig an Atmosphäre, einem Zentrum, am Miteinander, für das ja auch

Foto: © Joachim Knitter

eine Identifikation notwendig ist. Viele Versuche, dies zu ändern, scheitern, denn eine Stadt muss dafür über längere Zeit wachsen.

Manche Städte haben ein Wahrzeichen oder ihre Geschichte verdichtet sich in einem Wappen.

Ein Haus zu haben bzw. in einem Haus zu wohnen, bedeutet *(hier eine Auswahl)*:

- einen sicheren Ort zu haben,
- ein fertiges Bett zu haben,
- eine Adresse haben,
- Zugang zu Wasser, WC und Dusche,
- jemanden zu sich einladen können,
- nach Hause kommen können,
- keine Sorge um die eigenen Sachen haben,
- die Tür zumachen können,
- kochen können.

Arbeitsaufträge, Tipps, Bauanleitungen

Die eigenen Häuser bauen (jeder)

Jeder Konfi darf sein eigenes, individuelles Haus bauen nach den eigenen Wünschen und Vorstellungen. Nur die ungefähre Größe wird als Richtschnur vorgegeben: Die Häuser sollen etwa die Größe eines Schuhkartons haben. Die meisten Häuser entstehen dann auch aus diesem sehr einfachen und günstigen Material. Allerdings gibt es auch viele Abweichungen. Manche Häuser entstehen aus dünnen Styroporplatten. Unter dem Hinweis auf die sozialen Einrichtungen tun sich manche als Kleingruppe zusammen und bauen ein Altersheim oder eine Schule und dürfen somit größere Flächen beanspruchen. In jedem Fall soll das Haus die Namen der Erbauer tragen.

Lieder, das Vorstellungslied und einen geeigneten Psalm aussuchen (Teilgruppe)

Seht das EG und die roten und grünen Liederbücher durch (ML I + II). Die Psalmgebete finden sich in den kleinen Liederbü-

chern am Anfang, im dicken Gesangbuch (EGRW) von Nr. 702–
781. Teilt euch in der Gruppe auf und vereinbart, wer welche
Abschnitte durchsieht.
Sucht Psalmen aus nach den Stichworten: Haus, Stadt, Geborgen-
heit, Schutz, Bauen und Heimat. Entscheidet, welcher Psalm im
Vorstellungsgottesdienst gebetet werden soll.
Seht euch das Stichwortverzeichnis zu den Liedern an. Welche
Lieder passen zum Thema? Welche Lieder kennt ihr? Stellt eine
Vorschlagsliste zusammen und notiert die Liednummern. Macht
einen Vorschlag für das Vorstellungslied!

Biblischen Text aussuchen (Teilgruppe)

Die Gruppenmitglieder erhalten eine Liste von Bibelstellen, die
als Auswahl nach den Stichworten »Haus« und »Stadt« unter
www.bibelserver.com ausgedruckt wurden. Da der Luthertext 841
Belegstellen für »Stadt« und 1.626 Belegstellen für »Haus« bietet,
muss zwangsläufig eine Auswahl getroffen werden, die einem Vor-
entscheid für die späteren Lesungstexte gleichkommt. Bei der
Vorschlagsliste, die sich zum Ausdruck jeder selbst zusammen-
stellen kann, wurde auf ein möglichst breites Spektrum der Belegstellen für die Auswahl Wert gelegt:

1 Mose 11,1–9	Ein Haus bis an den Himmel bauen? Turmbau Babel
1 Mose 28,10–18	Bethel – Haus Gottes
3 Mose 25,29–31	Anweisungen zum Hausbau
2 Samuel 7,5–13	braucht Gott ein Haus?
Psalm 48	die Herrlichkeit der Stadt Gottes auf dem Berg
Psalm 71,3	Gott, ein sicheres Zuhause
Psalm 127,1	Wenn Gott das Haus nicht baut …
Prediger 10,18	zu faul, das Dach des Hauses auszubessern

Matthäus 7,24–27	Ein Haus, auf Sand oder Fels gebaut?
Lukas 15,11–31	Nach Hause zurückkönnen (verlorener Sohn)
Johannes 14,2	Im Hause meines Vaters …
2 Korinther 5,1ff.	Wenn unser irdisches Haus abgebrochen wird …

Eigene Gedanken der Konfis zu Haus/Stadt verfassen (Teilgruppe)

WAS BEDEUTET ES KONKRET, IN EINEM HAUS/
EINER STADT ZU WOHNEN?

Besprecht euch untereinander und schildert konkret euren Tagesablauf? Orientiert euch dabei an den Gedanken, die wir bereits gesammelt haben (s. o.), und ergänzt sie durch weitere Überlegungen. Legt fest, wer euren Text im Vorstellungsgottesdienst liest!

WENN ICH KEIN HAUS HABE, IN DEM ICH WOHNEN KANN …

Besprecht euch untereinander, was es bedeutet, wenn all die Selbstverständlichkeiten, die ein Haus oder eine Wohnung bieten, nicht mehr da sind. Orientiert euch an den Überlegungen, die wir ganz zu Anfang festgehalten haben. Welche Menschen betrifft das in Deutschland? Legt fest, wer euren Text im Gottesdienst liest!

Schlussgebet

Bedenkt die Stichworte vom Anfang und formuliert Dank- und Bittesätze für das Schlussgebet. Achtet darauf, dass verschiedene Aspekte und unterschiedliche Personen, über die wir gesprochen

haben, mit bedacht werden. Teilt auf, wer welchen Teil des Schlussgebetes spricht.

Begrüßung und Einleitung

Schreibt eine Begrüßung und Einleitung zu eurem Thema für die
Gottesdienstgemeinde beim Vorstellungsgottesdienst. Bedenkt
bei der Begrüßung, dass ganz unterschiedliche Menschen zum
Gottesdienst kommen. Beginnt die Einleitung mit: »Wir haben
das Thema ausgesucht, weil …«. »Es waren auch andere Themen
in der Diskussion, aber wir fanden besser …«
Benutzt auch die Wandzeitung zur Themenfindung im Konfi-
Raum! Was hat euch selbst interessiert? Fragt evtl. noch andere
aus der Gruppe! Wer liest im Gottesdienst?

Der Aufbau der Stadt in der Kirche

Baut die Bühnenelemente für den Grundriss der Stadt in der
Kirche auf. Ermittelt zuerst, wie viel Platz benötigt wird, indem
ihr die angefertigten Häuser noch ungeordnet darauf stellt.
Wenn die Zahl der benötigten Bühnenelemente aufgebaut ist,
bedeckt die Elemente zum Schutz gegen Verschmutzung zuerst
mit Plastikfolie und dann mit großen Papierbahnen. Zeichnet
mit Bleistift einen ungefähren Stadtplan. Bedenkt dabei, ob eure
Stadt einen Fluss, einen Teich oder Park haben soll. Gibt es Gebäude, die unbedingt in die Mitte der Stadt gehören? Welche
Häuser würde man eher am Rand einer Stadt vermuten? Wie
und wo sollen die Straßen verlaufen? Setzt die vorhandenen
Häuser probeweise auf euren Stadtplan und zeichnet deren
Grundriss ein, wenn sie endgültig an diesem Ort stehen sollen.
Sucht geeignete Äste als Baumattrappen und evtl. Steine als
kleine Felsen!

Malt den Stadtplan aus mit Wegen, Straßen, Rasenflächen, Blumenbeeten, Feldern, Plätzen usw.! Zum Schluss zeichnet ein Ortseingangsschild, wie es auf unseren Straßen zu sehen ist. Allerdings soll nicht der Name der Stadt, sondern »Konfirmation 2009« *(Jahrgangsangabe anpassen)* darauf zu lesen sein. Bringt euer Schild an den Bühnenelementen an.

Tipps aus der Praxis

Wir haben uns im Team bei der Planung deutlich verschätzt im notwendigen Platzbedarf. Statt der geplanten drei bis vier Bühnenelemente wurden es sieben. Das kommt einem Platzbedarf von 14 qm² gleich. Die wollen erst einmal aufgeteilt und bemalt werden. Durch die viel größere Fläche gingen einzelne Farben aus und mussten nachgekauft werden. Gemalt wurde teils mit Plaka-, teils mit Abtönfarben und mittleren Borstenpinseln. Einige Konfis haben sehr »detailverliebt« gemalt. Damit muss man rechnen. Im Kleinen war das zwar hübsch anzusehen, aber nach Stunden waren immer noch große Flächen des Stadtplanes unbemalt. Da die Zeit drängte, haben wir uns auf einigen Flächen für die Bestreuung mit Naturmaterial entschieden. Sand und kleine Steinchen wurden dazu ebenso verwandt wie Grasschnitt und Rindenteilchen.
Aus dieser Not hätten wir durchaus von Anfang an eine Tugend machen können. So kann man statt mit Farbe komplett mit Naturmaterialien und einem Flächenkleber arbeiten und sehr gute Ergebnisse erzielen. Alle, die dieses Thema zur eigenen Bearbeitung in Erwägung ziehen, sollten diese Variante bedenken.
Die bauliche Situation in Kirchen ist sicher recht unterschiedlich. Hat man eine Reihe von Stufen, etwa zu einem Altarraum, lässt sich »eine Stadt auf und am Berge bauen«. In einer Hallenkirche hat sich die Nutzung von Bühnenelementen in einer Höhe von 60 cm als sehr gut erwiesen, damit auch die Gemeindemitglieder,

die in den letzten Reihen ganz hinten sitzen, die Stadt sehen können.

Unsere Gestaltungsgruppe für den Stadtplan hatte sich »richtig
ins Zeug gelegt«. Der Bau-Prozess entwickelte dabei eine eigene
Dynamik. So flitzten mehrere Konfis in der Mittagspause nach
Hause und holten Modellautos und kleine Verkehrsschilder. Eine
Stadt mit Straßen ohne Autos war für sie offensichtlich unvorstell-
bar.

Foto: © Joachim Knitter

Ein besonderer Clou fiel später unserem Küster ein, der engagiert
und mit Interesse den Bau der Stadt verfolgt hatte. Vielleicht lag
das auch daran, dass wir instinktiv den Ort in der Kirche, wo sonst
die Krippe aufgebaut wird, gewählt hatten (das ist vielleicht auch
für andere Kirchen ein guter Tipp). Er holte kurzerhand einige
Lichterketten von der Weihnachtsbaumbeleuchtung und verlegte
sie mit den Konfis entlang der Straßen. Schon ließ sich unsere
Stadt bei Dämmerlicht oder Dunkelheit auch beleuchten. Das sah
nicht nur gut aus. Es machte das Konfirmationsprojekt innerhalb
der Gemeinde vor allem zu den Abendgottesdiensten im Oster-

zyklus richtig populär. Schließlich blieb die Konfi-Stadt fast sechs Wochen vom Vorstellungsgottesdienst vor den Osterferien bis zu den Konfirmationen im Mai stehen.

Falls eine Gemeinde keine eigenen Bühnenelemente hat, lohnt sich die Nachfrage beim Schul- und Kulturamt der Stadt oder bei großen Vereinen. Meist wird man dort fündig. Aber es könnte je nach baulicher Situation auch andere Varianten geben, die Stadt in die Kirche zu integrieren. Wie gesagt: »Wo steht normalerweise die Krippe?«

Vorstellungsgottesdienst mit den Texten der Konfirmanden

Musik zum Eingang und Begrüßung

Liebe Gemeinde!

Wir haben uns heute versammelt, um unseren Vorstellungsgottesdienst zu feiern. Wir begrüßen Sie dazu ganz herzlich. Unser Thema für den Gottesdienst heute und unsere Konfirmation lautet: »Wir bauen eine Stadt«. Dazu hat jeder von uns sein eigenes individuelles Haus gestaltet, das zu seinem Charakter passt. Wir haben uns für dieses Thema entschieden, weil wir eine Gemeinde und durch die Stadt verbunden sind. Auch andere Themen befanden sich in der Diskussion. Einige wollten lieber einen Leuchtturm bauen oder eine Schatzkiste als Symbol. Aber die meisten von uns fanden die Stadt besser, weil wir sie kreativ gestalten und umsetzen konnten. Wir hoffen, Ihnen gefällt die Stadt, so wie wir sie hier gebaut haben. Später wollen wir Ihnen einige Gedanken dazu vortragen. Und wir werden Ihnen als passendes Lied

zur Vorstellung singen: »Komm, bau ein Haus, das uns beschützt ...«.

Lied: Danke für diesen guten Morgen (EG 334, 1–6)

Gottesdiensteröffnung und Psalmgebet im Wechsel (Psalm 46;
EG 724 Regionalteil RWL)

Ehr sei dem Vater ...

Betrachtung der Konfirmandenstadt mit einer kurzen Erläuterung
durch die Baugruppen (im Sinne einer Stadtführung)

Die Konfirmandinnen und Konfirmanden kommen in den Altar-
bereich und werden namentlich vorgestellt. Abschließend singen
sie als Lied zur Vorstellung: »Komm, bau ein Haus, das uns beschützt ...« (ML I, B 83)

Lesung aus dem Alten Testament (1 Mose 11; Turmbau zu Ba-
bel)

Lesung aus dem Neuen Testament (Matthäus 7,24–27; Haus auf
Sand oder Fels gebaut)

Apostolisches Glaubensbekenntnis

Lied: Lobet den Herren alle, die ihn ehren (EG 447,1–7)

Gedanken der Konfis:
    Was bedeutet es, ein Haus zu haben ... – und wenn man
    keines hat?

    Wenn man ein Haus hat, hat man einen Ort, an den man sich
    zurückziehen kann. Jeden Tag, wenn ich von der Schule

komme, möchte ich erst mal eine Weile für mich sein. Dann bin ich in meinem Zimmer und höre Musik oder schaue, ob ich E-Mails habe.

Besonders im kalten Winter bin ich froh, wenn es zuhause warm ist. Im Sommer ist das auch anders. Da reizt es uns manchmal, draußen zu schlafen. Aber wir könnten ja jederzeit zurück.

Wichtig finde ich auch, dass die Leute mich erreichen können. Als ich noch kein Handy hatte, habe ich oft im Wohnzimmer gesessen und telefoniert. Mit Handy geht das besser, aber ich sitze trotzdem oft auf der Wohnzimmercouch beim Telefonieren, außer, wenn niemand mithören soll. Aber dann habe ich ja mein Zimmer und kann die Tür zumachen.

Das ist alles so selbstverständlich. Wenn ich Hunger oder Durst habe, gehe ich einfach in die Küche an den Kühlschrank und hole mir was. Abends sitzen wir meist zusammen um den großen Tisch herum, essen zu Abend und erzählen noch ein bisschen vom Tag oder gucken Fernsehen. Vor einem Monat fiel kurz mal der Strom aus nach einem Gewitter. Das war blöd, denn da saßen wir alle im Dunkeln, konnten keinen Film gucken. Aber das Kerzenlicht war für die kurze Zeit auch ganz schön. Das sollten wir eigentlich öfter machen.

Doch wenn man das alles nicht hat? Irgendwie ist das unvorstellbar: Keine Adresse mehr zu haben, keine Post kriegen zu können und natürlich auch keine E-Mails, weil weder Strom noch Computer noch Telefonkabel da sind.

Plötzlich kann man nicht mehr duschen, nicht weil jemand aus der Familie das Bad blockiert, sondern weil gar keins da ist. Und wenn man mal aufs Klo muss und das vielleicht noch dringend? Also sollte man zufrieden sein, wenn man ein Haus oder eine Wohnung hat, auch wenn es zuhause vielleicht sehr klein und eng ist! Sei zufrieden, wenn du jeden Abend in dein Bett oder unter die Dusche gehen kannst.

Für manche Menschen ist das anders. Was ist, wenn jemand
in dein Haus eingebrochen und in deiner Privatsphäre gewühlt
hat? Du kannst dich nicht mehr wohl und sicher fühlen. Das
muss schrecklich sein.

Im Krieg soll es oft passiert sein, dass Soldaten an der Haus-
tür standen. Die Menschen hatten noch eine halbe Stunde
Zeit, um ein paar Sachen einzupacken, und dann wurden sie
weggejagt. Wo gehörst du dann hin?

Viele Häuser bilden eine Gemeinde oder eine Gemeinschaft.
Du selbst gehörst dazu, ebenso wie deine Nachbarin oder
dein Nachbar. Man kann ein Straßenfest feiern oder sich
besuchen.

Und wenn man kein Haus hat? Wir haben im Konfirmandenunterricht öfter ein Lied gesungen, das genau davon erzählt.
Gerne haben wir es auf Englisch gesungen, aber auf Deutsch
können alle es besser und leichter verstehen.

Lied: Straßen unserer Stadt (Streets of London; ML I D4, 1–4)

Lesung aus 2 Samuel 7,6–13

Bündelnde Worte zum »Haus Gottes« durch den die Pfarrerin/
den Pfarrer. Die Bündelung korrespondiert in den Grundgedan-
ken mit der Konfirmationsansprache und wird dort entfaltet.

Lied: Wir haben Gottes Spuren festgestellt (EG 648,1–3, Regionalteil RWL)

Schlussgebet

Gott, wir nehmen es als so selbstverständlich an, dass wir
ein Haus haben, in dem wir wohnen können. Danke, dass es
so ist, und gib, dass es so bleibt. Wir kämen in große Not,
wenn es anders wäre.

Gott, viele Kinder dieser Erde müssen auf der Straße leben und wissen nicht, wo sie abends schlafen sollen. Das bedrückt uns und macht uns hilflos. Hilf Du, wo wir es nicht können. Gott, manche Menschen leben auch bei uns auf der Straße. Wir nennen sie Penner oder Stadtstreicher. Sie stinken meistens und sind ungepflegt. Aber wie sollen sie sich auch pflegen, wenn sie keine Dusche und kein Klo haben. Wir sehen am liebsten weg und manche von uns haben auch Angst. Du kennst ihre Geschichte. Gib uns die Kraft, doch mal zuzuhören, wenn sie erzählen. Lass Menschen für sie da sein, damit sie wieder ein normales Leben führen können.
Gott, in unserer Stadt leben Menschen aus ganz verschiedenen Ländern. Manche haben auch eine andere Religion. Sie sind unsere Nachbarn, doch wir wissen oft nicht viel von ihnen und reden kaum miteinander. Schenke Du eine gute Gemeinschaft für unsere Stadt, dass wir in Frieden zusammen wohnen können und uns vertragen.

Vaterunser …

Lied: Herr, gib mir Mut zum Brückenbauen (EG 669,1–5, Regionalteil RWL)

Segen und musikalischer Ausklang

Ablauf der Konfirmation(en)

Da ich meistens zwei Konfirmationen im gleichen Jahrgang und zum gleichen Thema habe, sind die Varianten von der einen zur anderen Konfirmation mit Schrägstrich vermerkt. Wer nur eine Konfirmation hat, findet also gleich Alternativen als Vorschlag.

Einzug der Konfirmandinnen und Konfirmanden mit musikalischer Begleitung (Posaunen, Orgel, Chor)

Begrüßung und Ansagen
Die Konfirmandinnen und Konfirmanden mit ihren Angehörigen werden besonders begrüßt, eventuell auch der Chor oder andere Mitwirkende. Den Hinweis auf das Fotografieren und Abschalten der Handys bitte nicht vergessen!

Lied: Danke (EG 334,1–6),
oder: Geh aus, mein Herz (EG 503,1+2+8+13)

Eingangswort und Psalmgebet im Wechsel (Psalm 23 oder 127)

Gebet
Lesung aus der Bibel Matthäus 7, Gleichnis vom Hausbau,
oder: Jeremia 29,4–11

Lied: Wir haben Gottes Spuren festgestellt (EG 648,1–3, Regionalteil RWL),
oder: Chor

Apostolisches Glaubensbekenntnis

Lied: Komm, bau ein Haus (ML I B 83, 1–4)

Konfirmationspredigt

Chor oder gemeinsames Lied: Streets of London (ML I D4)

Konfirmationsbefragung und Glaubensbekenntnis der Konfirmandinnen und Konfirmanden

Ermutigung und Segnung

Zuspruch der Konfirmationsrechte

Lied: Komm, sag es allen weiter (EG 225,1–3),
oder: Kommt mit Gaben und Lobgesang (EG 229,1–3)

Abendmahl
Austeilung zuerst als Abschied in der Gruppe, dann teilen die
Konfirmierten Brot und Wein in den Reihen aus

Fürbittengebet (siehe auch die zwei Beispiele auf Seite 39ff. »Fürbittengebet zur Konfirmation I und II)

Lied: Komm, Herr, segne uns (EG 170,1–3),
oder: Bewahre uns, Gott (EG 171,1+4)

Auszug zu musikalischer Begleitung

Konfirmationspredigt

Liebe Festgemeinde! Liebe Konfis!

»Wir bauen eine Stadt«, so habt ihr entschieden, als wir
nach einem Symbol für den Vorstellungsgottesdienst und die
Konfirmation für euren Jahrgang gesucht haben. Ich persönlich hätte den Leuchtturm reizvoller gefunden, aber ich
bin sehr zufrieden, wenn ich auf das Ergebnis sehe. Dennoch
war es ein ganzes Stück Arbeit. Kein Wunder, eine Stadt
baut man nicht mal so nebenbei.
Jede und jeder von euch konnte ein ganz persönliches Haus
gestalten. Das ist nicht nur ein starkes Symbol. Ein Haus, das
bedeutet auch ein »Zuhause«, ein Ort, an dem ich sicher bin,

an den ich mich zurückziehen kann, wo abends ein Bett für mich steht. Wohin mir Post geschickt werden kann ... und so vieles mehr, was ansonsten so selbstverständlich ist.

Ich habe vor vielen Jahren meinen Zivildienst in einem Männerwohnheim für Nichtsesshafte abgeleistet. Das war eine Zeit, die mich geprägt hat. Die Menschen, die dorthin kamen, lebten auf der Straße, schliefen auf Parkbänken oder unter Brücken. Fast alle hatten erlebt, wie es ist, nachts im Schlaf bestohlen oder bedroht und geschlagen zu werden. Ganz besonders vor dem Winter wurde das Wohnheim so voll, dass viele weggeschickt werden mussten.

Man kann auf vieles im Leben verzichten, kommt ohne Fernsehen und Computer oder Markenkleidung gut durchs Leben. Aber eine Wohnung in einem Haus gehört zu den absoluten Grundbedürfnissen des Lebens. Eingangs haben wir das Danke-Lied gesungen. Da wird auch manches, was man unbedingt braucht und oft als so selbstverständlich erachtet, benannt: Arbeitsstelle, gute Freunde, jeder neue Tag, ein gutes Wort. Merkwürdig eigentlich, dass ein Haus bzw. eine Wohnung darin nicht vorkommt.

Ein eigenes Haus oder eine eigene Wohnung zu bauen, zu gestalten und zu besitzen, danach strebt wohl jeder Mensch, mindestens in seinen Wunschträumen. Früher haben viele mit Lego-Steinen gespielt. Da waren wir alle kleine Architektinnen und Architekten. Das war wahrscheinlich schon bei euren Eltern und vielleicht sogar Großeltern so. Lego hat mittlerweile Kultstatus. Ganze Städte sind damit nachgebaut worden. Wahrscheinlich steckt das Bauen und Gestalten irgendwie in uns.

Ihr habt euer Wunschhaus in jungen Jahren als Modell gebaut und die Häuser, die entstanden sind, sind sehr unterschiedlich geworden.

Da gibt es alte Villen, aber auch Häuser »von der Stange«; quadratisch – praktisch – gut. Unterschiedlich wie die Form ist auch die Bemalung. Viele Farben sind vertreten und sogar ein Haus mit Graffiti an den Wänden. Es gab genügend Spielraum, um die eigenen Vorstellungen umzusetzen. Drei von euch haben sogar ein nach oben offenes Designerhaus gebaut mit exakter Raumaufteilung. Da kam es nicht nur auf die Fassade an, sondern ihr wolltet zeigen, wie es darinnen aussieht. Das war wichtiger als das Dach. Ein Haus ohne Dach – eigentlich ist das ein Widerspruch in sich. Wofür ein Haus, wenn es nicht vor Wind und Regen schützt? Selbst die einfachsten Hütten haben ein Dach, sonst wären sie sinnlos, oder?

Wichtiger aber noch als das Dach ist der Grund, auf dem das Haus gebaut ist. Hier begegnen sich der Sachverstand der Architekten und die Weisheit der Bibel. Das Ganze ist sprichwörtlich geworden ... auf Sand gebaut haben ...

Wer schon einmal am Meer eine Sandburg baute, weiß, wie beständig eine solche ist: Am Strand ist das reizvoll für einen Tag, vielleicht bis die Flut kommt, um zu sehen, ob die Sandburg hält. Aber wer möchte darin leben?

Jesus sagt im Matthäusevangelium:

Wer diese meine Worte hört und sich nach ihnen richtet, wird am Ende dastehen wie ein kluger Mann, der sein Haus auf felsigen Grund baute.

Als dann die Regenflut kam, die Flüsse über die Ufer traten und der Sturm tobte und an dem Haus rüttelte, stürzte es nicht ein, weil es auf Fels gebaut war.

Wer dagegen diese meine Worte hört und sich nicht nach ihnen richtet, wird am Ende wie ein Dummkopf dastehen, der sein Haus auf Sand baute. Als dann die Regenflut kam und die Flüsse über die Ufer traten und der Sturm tobte und an dem Haus rüttelte, fiel es in sich zusammen und alles lag in Trümmern.

Das sind Worte am Ende der Bergpredigt, einem Zentralstück des Neuen Testamentes. In diesen Worten verbindet sich Sachverstand mit Lebens- und Glaubenserfahrungen.

Ein Haus auf Fels gebaut, das ist neben der wichtigen Bedeutung für den Alltag, die ich eingangs geschildert habe, auch ein Garant für Beständigkeit. Es gibt Häuser, die sind einige hundert Jahre alt und werden immer noch bewohnt, auch wenn sie im Laufe der Jahrhunderte innen verändert wurden.

Kein Wunder, dass ein Haus als Sinnbild auch sehr oft in der Bibel vorkommt. Über 1.600 Bibelstellen finden sich dazu.

Das Haus ist Sinnbild für Gastfreundschaft und Heimat. Der verlorene Sohn kann im Gleichnis ins Haus seines Vaters zurückkehren und wieder zu leben beginnen nach der Zeit des Vegetierens in der Fremde ... Das Leben kann noch einmal beginnen.

Aber es finden sich auch andere lebenspraktische Ratschläge in der Bibel, etwa im Buch des Predigers Salomonis: »Wenn jemand zu faul ist, das Dach seines Hauses auszubessern, dringt Regen durch und bald stürzt es ein ...« (Kohelet 10,18)

Gemeint ist hier aber nicht nur das Haus als Wohnung. Gemeint ist das eigene Leben. Wer im Leben zu faul ist, sich um wichtige Dinge zu kümmern, die Schutz geben wie ein Dach, der wird scheitern.

Solche grundlegenden Dinge sind Arbeit und Einkommen, aber auch die Pflege von Beziehungen zu Freunden, zur Familie, das, was Halt gibt.

Es gibt zerstörerische Kräfte, gegen die wir kaum etwas tun können und die uns ein Haus nehmen können: Ein Unwetter, ein Brand oder manchmal ein Krieg. Das sind einschneidende

Erfahrungen, die sich oft über Jahrzehnte auswirken. Manche der Älteren unter uns haben das erlebt und erlitten. Aber es gibt eben auch Nachlässigkeit, Faulheit und Verantwortungslosigkeit. Davor hütet euch im Leben!

So elementar ist das Bild des Hauses, dass es sogar für Glaubensaussagen geeignet ist:

Das Ende des Lebens wird in der Bibel mit dem Abbruch eines Hauses verglichen. Unsere irdische Zeit, und mag sie hoffentlich sehr lange dauern, hat doch ein Ende.

Jesus aber tröstet die Menschen seiner Zeit mit den Worten: Im Hause meines Vaters sind viele Wohnungen. Und wenn ich zum Vater gehe, dann will ich auch euch einen Platz dort bereiten. Ein Haus bei Gott als Hoffnungsbild, auf dass wir im Tod nicht verloren gehen.

Ein Bild, gewiss, aber ein starkes Bild. So stark, dass man auch zu Lebzeiten besondere Orte suchte und baute, um ein Haus für Gott zu bauen.

Das fängt schon im Alten Testament an: Der biblische Jakob findet einen Ort, an dem er eine besondere Glaubenserfahrung macht: Er träumt von einer Himmelsleiter. Beth-El, Haus Gottes, nennt er den Ort, an dem das geschehen ist. Sein Haus Gottes aber hatte noch den Himmel als Dach und die ganze Welt als Wände. Den einzigen Stein, den er für das Haus Gottes verbaute, war der, auf dem er geschlafen hatte. Der wurde ein Altar.

Später hat sich diese Art der Gotteshäuser doch sehr geändert und unseren menschlichen Vorstellungen der jeweiligen Jahrhunderte angepasst – oder eben doch auch außerordentlichen Gotteserfahrungen.

Die Art der Gotteshäuser sagt viel über unseren Glauben aus. Es gibt kleine Kapellen, selbst auf Bergen, und mächtige Dome und Basiliken, die dem Menschen Ehrfurcht einflößen und ihm zeigen, wie klein ein Einzelner ist.

Diese Kirche, in der ihr konfirmiert werdet, ist nach einem anderen Bauplan entstanden. Die alte Kirche, die im Krieg zerstört wurde, ist nicht restauriert worden. Stattdessen wurde die Auferstehungskirche als Zeltkirche gebaut. Darin spiegelt sich die Erfahrung großer Teile der Gemeinde wieder, die im bzw. nach dem Krieg als Flüchtlinge kamen, die vor zerstörten Häusern standen und auf einen Gott hofften, der mitgeht und begleitet im Leben. Das war ein Bauplan, der in den 50er- und 60er-Jahren sehr verbreitet war. Unsere Decke ist der Versuch, ein Himmelsgewölbe nachzubauen. Das Dach der Kirche ist wie ein pyramidenförmiges Zelt geformt. Das riesige Kirchenfenster gibt uns das Gefühl, fast im Freien zu sitzen. Vielleicht wäre das eine Kirche nach den Vorstellungen des biblischen Jakob gewesen, der seine große Gotteserfahrung auch unterwegs, gleichsam auf der Flucht macht, und trotzdem in ganz besonderer Weise die Nähe Gottes erfährt. So ist das manchmal im Leben. So manche Älteren in der Gemeinde haben mir auch von besonderen Erfahrungen und Bewahrungen in Kriegs- und Nachkriegszeiten auf der Flucht erzählt.

1.000 Häuser machen noch keine Stadt. Auch wenn man das in den 70er-Jahren so dachte und regelrechte Schlafstädte baute.

Eine Stadt ist nicht nur eine Ansammlung von Häusern, sondern ein soziales Gebilde.

Darum freut es mich besonders, dass ihr nicht nur jede bzw. jeder für sich das eigene traute Heim gebaut habt. Nicht wenige haben sich zusammengetan. Eine Schule wurde errichtet. Ein Altersheim ist zu sehen, ein Schwimmbad, sogar eine Fabrik – was sind wir ohne Arbeit – und zwei Kirchen, zwei Gotteshäuser.

Niemand hat euch dazu gedrängt. Es war eure freie Entscheidung, was und wie ihr baut. Nicht immer ist das im

Leben so. Unsere Lebenswege führen uns manchmal dahin, wo wir gar nicht hin wollten. Nicht nur durch Flucht oder Vertreibung, die hoffentlich niemand von uns je erleben muss.

Gegenwärtig leben wir in einer wirtschaftlich und kulturell attraktiven Region Deutschlands. Ob das in 20 Jahren noch so sein wird? Vielleicht werdet ihr in eine andere Stadt oder sogar ein anderes Land ziehen müssen, um dort Arbeit zu finden und leben zu können. Düstere Gedanken an einem Festtag? Nein!

Aber an Tagen wie heute geht der Blick weiter zurück und auch voraus als sonst im alltäglichen Leben. Deshalb möchte ich euch ein Wort des Propheten Jeremia mit auf den Lebensweg geben. Er sagt es zu Menschen, die nicht freiwillig im Ausland in einer fremden Stadt leben. Sie wurden dahin verschleppt. Alle erwarten, dass er ihnen Gottes Trost nahebringt und ihnen verspricht, dass sie bald wieder nach Hause kommen. Jeremia tut im Auftrag Gottes das Gegenteil. Er sagt:

»Suchet der Stadt Bestes! Betet für sie zu Gott, dem Herrn, denn wenn es ihr gut geht, dann geht es auch euch gut!« Jeremia 29,7) Jeremia sagt: »Baut Häuser und wohnt darin! Pflanzt Bäume und esst ihre Früchte! Nehmt euch Frauen und zeugt Söhne und Töchter ...« (Jeremia 29,5f.)

Er sagt dies über die verhasste Stadt in der Fremde: Betet für sie, denn wenn es ihr gut geht, dann geht es euch auch gut. Häuser baut man nicht in einem Tag und die Früchte der Bäume erntet man nicht im nächsten Monat. Eine Familie gründet man nicht, wo man gar nicht bleiben will.

Suchet der Stadt Bestes! Baut Häuser! Pflanzt und erntet, zeugt und gebärt! Elementarer kann man es nicht ausdrücken: LEBT– im Hier und Heute. Und hofft auf ein Morgen!

Leben kann man nicht mit dem ständigen Blick in den Rück-
spiegel.

Ein Haus bauen heißt: Hoffnung haben!

Eine Familie gründen, Zeugen und Gebären heißt: dem Leben
und der Liebe zugewandt sein, und das Leben weitertra-
gen!

Einen Baum Pflanzen heißt: sich an diese Erde binden, sie
bewahren und von ihr leben!

Suchet der Stadt Bestes und betet für sie! Das bedeutet:
Tut das alles nicht für euch allein, im Rückzug ins Private.
Engagiert euch in eurer Stadt für ein gelingendes Zusammenleben. Ihr seid die Fremden hier! Integriert euch! Geht
freundlich miteinander um, damit Friede und Glück wachsen
können.

Diese Gedanken und diese Botschaft schließt Jeremia mit
den Worten: »Ich weiß wohl, was für Gedanken ich über
euch habe, spricht der Herr: Gedanken des Friedens und
nicht des Leides, dass ich euch Zukunft und Hoffnung gebe.«
(Jeremia 29,11)

Mit seinen Worten möchte ich auch eure Konfirmationspredigt schließen. Dem ist nämlich nichts hinzuzufügen, höchs-
tens nachzudenken.

Amen.

Möglichkeiten der Weiterarbeit/Variationen

Die Verteilung der Aufgabe: Schreibt einen Text, wie es ist, wenn
man kein Haus hat! Im Kapitel *Was bedeutet es konkret, in einem
Haus/einer Stadt zu wohnen?*, S. 46f., und *Wenn ich kein Haus habe,
in dem ich wohnen kann …*, S. 49, haben die Konfirmandinnen

und Konfirmanden den schwierigsten Part für bei der Vorbereitung des Vorstellungsgottesdienstes bewältigt. Deshalb wurden
beide Aspekte von nur einer Gruppe und relativ kurz behandelt.
Sinnvoll und mit Sicherheit eindrücklich wäre es gewesen, das
Thema des Vorstellungsgottesdienstes mit einem Projekt »Ob-
dachlosigkeit in Deutschland« zu verbinden. Es hätten Begegnungen mit Flüchtlingen stattfinden können, die ihr Haus und ihre
Heimat verlassen mussten. Interviews mit Obdachlosen oder der
Besuch in einem Wohnheim oder die Recherche im Internet über
das Schicksal obdachloser Kinder hätten sicher zu einer Vertie-
fung des Themas geführt. Hier gibt es zahlreiche Ansatzpunkte
für die Kooperation mit dem Diakonischen Werk oder anderen
Wohlfahrtsverbänden.
Bei diesem Thema wirkte sich ganz besonders der Zeitfaktor aus.
Der Bau der Häuser und des Stadtplans hat so viel Zeit und Kräfte
gebunden, dass diese anderen Möglichkeiten in der Vorbereitung
gar nicht bzw. erst sehr spät bedacht wurden.
Wenn sich eine Gruppe dieses Thema wählt, sollten der Zeitfaktor
und die Arbeitsteilung gut bedacht werden. Im Nachhinein bleibt
die Einsicht, dass einige Chancen der Themenwahl für einen er-
lebnis- und erfahrungsorientierten Unterricht, der nachhaltig
bleibt, nicht genutzt wurden.

Andererseits wird man auch die Situation der Jugendlichen selbst
bedenken müssen. Knapp ein Fünftel der Jugendlichen in der
Gruppe kam aus familiären Situationen mit sehr geringem Ein-
kommen oder Hartz IV als Ersatzleistung. Wohnungsnot oder
Wohnungsverlust ist in solchen Situationen kein Fremdwort.
Auch wird man sehr genau bedenken müssen, ob und mit welchen
Obdachlosen durch Jugendliche dieser Altersgruppe Interviews
geführt werden können. Das kann sehr bereichernd sein, kann
aber ebenso dramatisch scheitern.
Hinsichtlich der Konfirmationspredigt wurde der Fokus auf das
»Haus« gelegt und der Aspekt »Stadt« in Verbindung mit dem

Jeremiatext (Jeremia 29,4–11) eher kurz und als Ausblick bzw. Zuspruch behandelt. Die Gewichtung könnte ebenso anders gesetzt werden und der Aspekt »Stadt«, d. h. das soziale Zusammenleben, in den Vordergrund gestellt werden.

»Lasst Blumen sprechen«

Ideensammlung und Erschließung des Themas

Blumen gibt es in vielen tausend Arten und in allen Farben. Es gibt sie mit riesigen Blütenkelchen oder sehr kleinen. Manche Arten sind sehr alt, z. B. Rosen, andere wurden neu gezüchtet. Obwohl sie meist recht zart sind, wachsen sie doch in den unterschiedlichsten Vegetationszonen. Sie können unter Schnee ebenso erblühen wie am Rande der Wüste, auf Bergen ebenso wie im Sumpf oder am Meer. Der Löwenzahn vermag sogar Beton oder Asphalt zu durchbrechen.

Blumen stehen für Leben. Sie sind Ausdruck der Schönheit und der Vergänglichkeit, der Liebe und des Schmerzes. Man schenkt sich Blumen, wenn man sich etwas Besonderes zu sagen hat oder wenn man sich besucht. Kein Fest ohne Blumen!

Deshalb leben von Blumen auch viele Menschen und verdanken ihnen ihre Arbeit. Andererseits werden Blumen aus fernen Ländern, z. B. den Tropen, oder Südafrika oder Israel importiert. Dafür fliegen extra Flugzeuge und fahren viele LKWs, die Schadstoffe ausstoßen.

Blumen sehen aber nicht nur schön aus, die meisten riechen auch sehr gut, sie duften. Aus Blumen werden Parfüms hergestellt oder besondere Duftstoffe. Schon die Römer haben deshalb Rosen kultiviert und die Blütenblätter in ihre Bäder geworfen zur Steigerung des Wohlbefindens.

Manche Blumen dienen auch als Heilpflanzen, obwohl sie eigentlich giftig sind, z. B. der Fingerhut. Andere können als Kräuter

Foto: © Joachim Knitter

gegessen oder als Tee aufgebrüht werden wie z. B. die Kamillen-
blüten.

Blumen stehen nur ganz selten allein, sie suchen die Gemeinschaft
und sie tragen eine Gemeinschaft, z. B. ernähren sie die Bienen
und andere Insekten.

In all dem sind Blumen ein Symbol für die Vielfalt, Schönheit und
Verletzbarkeit des Lebens. Eine Blume in einem Gewehrlauf ist
ein Symbol der Friedensbewegung geworden, die Sonnenblume
Zeichen der Ökologiebewegung und »Flower-Power« steht für
das Lebensgefühl und die kulturelle wie politische Identität einer
ganzen Generation.

Arbeitsaufträge, Tipps, Bauanleitungen

Ein Jahrgang meiner Konfis wollte nur eine einzige Blume sein, weil sich darin die Gemeinschaft am besten ausdrückt. Jeder sollte für diese Blume ein Blütenblatt entwerfen, es in seiner Lieblingsfarbe anmalen und mit dem eigenen Namen versehen. Daraus leiten sich die Arbeitsaufträge für das Symbol ab. Außerdem entstand die Idee, die Blume erst im Vorstellungsgottesdienst nach und nach entstehen zu lassen. Das machte viel Vorplanung notwendig, damit das Ergebnis überzeugend wurde. Die Blütenblätter mussten also schon einmal probeweise montiert werden können. Außerdem musste die Blume insgesamt ziemlich groß werden, damit sie von allen Plätzen in der Kirche aus eindrucksvoll wahrgenommen werden konnte. Der endgültige Durchmesser machte stellenweise über 180 cm aus. Das bedeutete auch, dass der Fuß bzw. der Blütenstempel ausreichend stabil und kippsicher sein musste. Nach längerem Hin und Her haben wir uns für Blätter aus Pappmaschee und einen Blütenstempel aus Ytongstein entschieden. Ytong ist leicht und mit einfachen Werkzeugen formbar, aber stabil. Als Fuß wurde ein kleiner Fichtenstamm in einem Mörtelkübel in Beton gegossen, oben abgeschrägt und mit einer runden Grundplatte aus Holz versehen, an der die ebenfalls rund gesägten Ytongsteine von hinten angeschraubt und damit dauerhaft befestigt werden konnten.

Das eigene Blütenblatt herstellen (alle)

Jeder bekommt für sein Blütenblatt ein ca. 40 x 60 cm großes Stück Kaninchendrahtgeflecht, das problemlos in Baumärkten oder landwirtschaftlichen Geschäften/Zoohandel als Rollenware beliebiger Länge gekauft werden kann. Dazu kommen drei kräftige Kabelbinder und eine ca. 18 cm lange und ca. 10 mm starke gerif-

felte Holzdübelstange. Auf die Holzdübelstange wird bei 8 cm eine
Markierung angebracht, denn genauso weit muss die Dübelstange
später aus dem fertigen Blatt herausragen, damit sie ganz im
Ytongstein (= Blütenstempel) verschwindet und die Blume gut
aussieht.
Jeder kann selbst entscheiden, ob er oder sie das Drahtgeflecht
längs oder quer nutzen will. Zuerst wird an der Stelle des Geflechtes, wo später der Blattansatz sein soll, die Dübelstange mit drei
Kabelbindern sehr fest verbunden. Die Kabelbinder mit der Flach-
zange festzurren, damit das Blatt später nicht wackelt.
Nun entsteht aus dem Drahtgeflecht die Grundform des Blattes
durch Biegen und Knicken des Geflechtes. Keinesfalls die Grundform einfach nur mit der Kneifzange oder dem Seitenschneider
zuschneiden. Es bleiben scharfe Drahtenden, an denen man sich
später beim Laminieren verletzen kann. Deshalb auch unbedingt
alle freien Drahtenden umbiegen, wenn die Form gefunden ist.

Nun kann das Laminieren beginnen. Dazu werden Papierstreifen
in Kleister (Spezialtapetenkleister verwenden!) eingeweicht und
nach einer kurzen Phase des Einweichens auf das Geflecht gelegt
und fest gestrichen. Es sollte mit den Kanten begonnen werden
und am Schluss müssen die Kanten auch noch einmal extra über-
laminiert werden. Je nach Form des Blattes sind drei bis sechs
Schichten nötig.
Es ist ganz praktisch, diese Arbeitsphase bei gutem Wetter draußen an Biertischgarnituren zu erledigen. Anschließend sollten die
Blätter mindestens einen Tag (besser länger) durchtrocknen.
Danach können sie mit Plaka- oder Abtönfarbe bemalt werden.
Je nach Zeitungspapier sind zwei bis drei Anstriche erforderlich,
damit eine ausreichende Deckkraft erreicht wird. Ein Fön (oder
besser mehrere) hilft in den notwendigen Trocknungsphasen vor
dem Aufmalen des Namens.
Die fertigen Blütenblätter werden nach Größe und Form sortiert.

Den Blütenstempel anfertigen
(Teilgruppe drei bis vier Jugendliche)

Den Rohling des Blütenstempels sollte man selbst vorbereiten.
Dazu wird benötigt:

- 1 Mörtelkübel mit 60 cm Durchmesser (Baumarkt)
- 1 Stück Fichten- oder Kieferstamm, ca. 1,40 m lang und ca.
  10–12 cm stark (Rest vom Weihnachtsbaum der Kirche?)
- ½ Sack Zement (Baumarkt); 4–5 Eimer groben Sand (Kindergarten?); 1–2 Eimer Kies (Sickerstreifen am Gemeindehaus
  oder der Kirche?) als Beischlag
- 1 Holzbrett 40 x 40 cm, ca. 20 mm stark
- 2 Ytongsteine 60 x 20 cm, 10 cm stark
- 8 Spax-Schrauben 6 x 80 mm
- 4 Spax-Schrauben 5 x 50 mm
- 8 Dübel S 8.

Zuerst die Spitze des Stammes mit einer Säge auf einen Winkel von
ca. 45 Grad abschrägen. Dann Zement, Sand und Kies trocken mischen. Dabei ½ Eimer Kies aufbewahren. Den abgeschrägten Stamm
in die Mitte des Kübels setzen und grade ausrichten. Die Hälfte des
Zement-Sand-Kies-Gemisches in den Kübel einfüllen. So lange
Wasser darauf gießen und mit einer Schaufel mischen und nachstoßen, bis der Beton eine zähflüssige Konsistenz erreicht. Im Eimer
nach und nach weiteren Beton in gleicher Weise anmischen und in
den Kübel füllen, bis dieser etwa zu ¾ gefüllt ist. Mit einer Schaufel
oder Latte nachstoßen, damit keine Hohlräume bleiben. Den Stamm
mit einer Wasserwaage senkrecht ausrichten. Je nach Konsistenz
des Betons bleibt er gleich so stehen. Vorsichtshalber sollte er aber
dennoch mit einigen Latten fixiert werden. Von den restlichen Kie-
selsteinen einige Hände voll nehmen, auf die Oberfläche des Betons
streuen und leicht eindrücken. Während des Aushärtungsprozesses
bildet sich eine dünne Wasserschicht auf dem Beton. Das ist normal.
Was nicht vertrocknet, wird nach der Aushärtung abgegossen.

Foto: © Joachim Knitter

Für alle, die handwerklich etwas erfahren sind, mag diese Be-
schreibung viel zu langatmig sein. Aber auch handwerklich Un-
geübte sollten mit dieser Anleitung klarkommen können. Im
Zweifelsfall findet sich meistens auch ein Konfirmandenvater oder
eine Konfirmandenmutter, der/die mit Rat und Tat gerne aus-
hilft.

Auf der Holzplatte einen Kreis von 34–35 cm Durchmesser anzeichnen. Sie können auch einfach genau in die Mitte einen Nagel
schlagen, eine Schnur darum binden und an die Schnur im richtigen Abstand einen Bleistift befestigen. Die Holzscheibe mit einer

Stichsäge aussägen. Die beiden Ytongsteine zusammenlegen und die Holzscheibe als Schablone oben anlegen. Wenn Sie die Methode mit dem Nagel und dem Bleistift gewählt haben, dann versetzen Sie den Bleistift so, dass Sie einen Kreis von 40 cm Durchmesser anzeichnen können. Die Holzscheibe können Sie in der gleichen Position liegen lassen, um dann mit einem 4-mm-Bohrer durch die Holzscheibe in gleichen Abständen in die Ytongsteine Löcher bis zum Anschlag zu bohren. Bitte darauf achten, dass die Löcher gleichmäßig in jedem der Ytongsteine verteilt im Kreisbogen angeordnet sind. Die Trennlinie der beiden Ytongsteine auf dem Rand der Holzscheibe markieren und mit A und B kennzeichnen, damit die Löcher der Holzscheibe später genau zu denen in den Ytongsteinen passen. Nun die beiden Halbkreise aus den Ytongsteinen sägen (Stichsäge mit langem groben Sägeblatt).

Wenn der Beton ausgehärtet ist, wird die Holzplatte mittig auf den abgeschrägten Stamm geschraubt. Es ist gut, wenn eine Hilfsperson die Platte zum Anbohren halten kann. Sonst den Nagel in der Mitte vom Anzeichnen einfach einschlagen und die Platte so grob fixieren. Nun vier Löcher mit 3,5 bis 4 mm vorbohren und die Holzplatte mit den vier 50 mm-Spax-Schrauben fixieren (mit dem Akkuschrauber geht's am besten). Auf festen Sitz achten!

Fotos: © Joachim Knitter

Die Löcher in beiden Ytong-Halbkreisen auf 8 mm aufbohren, die
Dübel einschlagen und von hinten durch die vorbereiteten Löcher
anschrauben. Wer es ganz exakt nimmt, kann noch Fliesenkleber
auf die Kontaktflächen aufbringen, aber es hält auch so.
Der Rohling ist fertig und kann angemalt und bearbeitet werden.
Der Stamm sollte auf jeden Fall bemalt werden. Die Holzstruktur
mit Astansätzen passt später hervorragend zum Stengel einer
Blume. Auch der Kübel und die vielen kleinen Steine, die aus dem
Beton ragen, können gut bemalt werden. Wer es ganz plastisch
haben möchte, kann einzelne Steine bunt bemalen lassen und
dazulegen.
Auch die Ytongsteine als Blütenstempel können nun mit Raspel,
Feile oder Messer bearbeitet und in eine fantasievolle Form gebracht werden. Meine Konfi-Gruppe hat sich dafür entschieden,
dass auf dem Blütenstempel ein Kreuz zu sehen sein sollte. Abschließend wird dann auch der Blütenstempel angemalt.

Der letzte Arbeitsgang kann erst erfolgen, wenn alle Blätter fertig
und sortiert sind. Die Sortierung erfolgt nach langen schmalen
Blättern, mittelgroßen und den eher kleinen rundlichen. Wenn
feststeht, welche Arten von Blättern in welcher Zahl vorhanden
sind, müssen die entsprechenden Löcher im richtigen Winkel in
den Ytong-Blütenstempel gebohrt werden. Damit die Blätter später auch halten, müssen die Bohrungen einigermaßen exakt sein,
d. h., bitte nicht als Ungeübter mit der Bohrmaschine im Bohrloch
»rühren«. Die Riffelung der Dübelstangen bewirkt im Bohrloch
einen gewissen »Klemm-Effekt«, aber nur, wenn das Bohrloch
passgenau ist.
Ich hatte 44 Bohrlöcher zu bohren, 15 Löcher in gleichem Abstand
und im rechten Winkel ringsum, nahe der Holzplatte; 11 Löcher
im gleichen Abstand im Winkel von ca. 75 Grad und 8 Löcher auf
dem oberen Rand des Blütenstempels. Ein ausreichender Abstand
der Bohrlöcher voneinander stellt sicher, dass kein Loch ausbricht.

»Flicken« kann man recht gut mit Fliesen- oder Montagekleber
aus der Kartusche.

Begrüßung und thematische Einleitung schreiben
(Teilgruppe)

Schreibt eine Begrüßung und Einleitung in euer Thema für die
Gottesdienstgemeinde beim Vorstellungsgottesdienst. Bedenkt
bei der Begrüßung, dass unterschiedliche Menschen zum Gottesdienst kommen. Ihr könnt die Einleitung beginnen mit : »Wir
haben das Thema ausgesucht, weil ...«. »Es waren auch andere
Themen in der Diskussion, aber wir fanden besser ...«
Benutzt auch die Wandzeitung im Konfi-Raum zur Themenfindung! Was hat euch selbst interessiert? Fragt evtl. noch
andere aus der Gruppe! Wer liest im Gottesdienst?

Beiträge der Konfirmanden (Teilgruppe)

Nach euren Überlegungen steht die Blume für Liebe und
Freundschaft. Schreibt auf, was ihr unter Liebe und Freund-
schaft versteht, und was Blumen damit zu tun haben.
Nach euren Überlegungen steht die Blume für Fest und
Freude. Schreibt auf, was ihr unter Freude und einem Fest
versteht, und was die Blume damit zu tun hat.
Nach euren Überlegungen steht die Blume für Duft und
Schönheit. Schreibt auf, was Schönheit und ein Duft für euch
bedeuten, und was die Blume damit zu tun hat.
Nach euren Überlegungen steht die Blume für Vergänglich-
keit. Schreibt auf, was Vergänglichkeit für euch bedeutet,
und was die Blume damit zu tun hat.
Als eure Eltern jung waren, da gab es eine »Flower-Power-
Bewegung«. Forscht im Internet nach oder interviewt eure

Eltern, warum man diese Zeit so nannte und was da los
war.
Aus dieser Zeit stammt auch das Bild von Blumen in Gewehr-
läufen. Warum wurden diese Bilder so bekannt?
Besprecht jeweils, wer euren Text im Vorstellungsgottesdienst vorträgt.

Geschichten und Biblische Rückbesinnung (Teilgruppe)

Sucht nach Bibeltexten, in denen es um Blumen geht. Sucht
nach Geschichten, die zum Thema passen.

Für diesen Arbeitsschritt muss eine Materialauswahl bereitgestellt
werden, in der gesucht werden kann. Paul Jakobi hat mehrere
Sammlungen von Geschichten zu Erzählungen zusammengestellt,
die einen reichen Fundus bieten (z. B.: Paul Jakobi: Damit das
Glück Wurzeln schlägt, 4. Aufl., Mainz 1993; Paul Jakobi: Damit
unser Leben gelingen kann, 7. Aufl., Mainz 1994).

Lieder und Psalm zum Thema suchen

Seht das EG und die roten und grünen Liederbücher durch
(ML I+II). Die Psalmgebete finden sich in den kleinen Lie-
derbüchern am Anfang, im dicken Gesangbuch (EG, Regio-
nalteil RWL) von Nr. 702–781. Teilt euch in der Gruppe auf
und vereinbart, wer welche Abschnitte durchsieht.
Sucht Psalmen aus nach den Stichworten: Blume, Blühen,
Blüten, Lilien.
Entscheidet, welcher Psalm im Vorstellungsgottesdienst ge-
betet werden soll.
Seht euch das Stichwortverzeichnis zu den Liedern durch.
Welche Lieder passen zum Thema? Welche Lieder kennt ihr?

Macht eine Vorschlagsliste und notiert die Liednummern.
Macht einen Vorschlag für das Vorstellungslied!

Ein »give-away« zum Thema suchen

Was könnten wir den Gottesdienstbesucherinnen und -besu-
chern als Andenken mitgeben? Eine Blume oder etwas Blei-
bendes? Eine Geschichte oder ein Gedicht? Besprecht euch
miteinander und macht Vorschläge für die Gesamtgruppe.

Schlussgebet

Bedenkt die Stichworte vom Anfang und formuliert Dank-
und Bittesätze für das Schlussgebet. Achtet darauf, dass
verschiedene Aspekte und unterschiedliche Personen, über
die wir gesprochen haben, mit bedacht werden. Teilt auf, wer
welchen Teil des Schlussgebetes spricht.

Vorstellungsgottesdienst mit den Texten der Konfirmandinnen und Konfirmanden

Musik zum Eingang und Begrüßung durch Konfirmandinnen und Konfirmanden

Wir begrüßen Sie und euch alle zu unserem Vorstellungsgottesdienst. Aus vielen Themen haben wir uns die Blume als
Symbol ausgesucht. Jede und jeder von uns hat ein Blütenblatt nach eigenen Vorstellungen gestaltet. Der Blütenstempel steht bereits hier in der Kirche. Die Blume ist für uns
ein Zeichen für Liebe und Freundschaft, Natur und Frieden.

Das war uns wichtig. Aber wir lieben auch den Duft und die Schönheit der Blumen. Heute erblüht im Gottesdienst eine Blume, die es so auf der ganzen Welt nicht noch einmal gibt, so wie wir eine tolle und einmalige Gruppe sind.

Lied: Jeden Morgen (ML I; B 70, 1–6)

Eingangswort und Psalmgebet (Psalm 103, EG 745, 2–3, Regionalteil RWL)

Ehr sei dem Vater …

Namentliche Vorstellung der Konfirmandinnen und Konfirmanden. Dazu kommen die Konfis einzeln mit ihren Blütenblättern nach vorne in der Reihenfolge der großen, mittleren und kleinen Blätter. Sie stecken ihr Blatt in den vorbereiteten großen Blütenstempel und bleiben im Altarraum stehen.

Vorstellungslied der Konfirmandinnen und Konfirmanden: Komm, bau ein Haus (ML I, B 73, 1–4) (… – beschreibe den Himmel, der uns blüht!)

Gedanken der Konfirmandinnen und Konfirmanden:
    – Unsere Blume steht für Duft und Schönheit.
    – Unsere Blume steht für Liebe und Freundschaft.

Lied: Geh aus, mein Herz (EG 503,1+2+5+6)

Blume aus Plastik

ich will euch was erzählen   darin standen in reih und glied
hört   100 gelbe
                                           100 rote
ein mann   100 weiße
hatte einen vorgarten   plastik-rosen

auch
100 schneeglöckchen
das ganze jahr
100 maiglöckchen
das ganze jahr
100 violette krokusse
das ganze jahr
alle aus plastik
abwaschbar

die standen da das ganze jahr
in reih und glied
immer aufrecht
immer sauber
und adrett
immer in höchster blüte
immer
t o t

die leute lachten über den
mann
und sagten
ein bild des todes
blumen
die nicht wachsen
die nicht knospen
die nicht blühen
nicht sterben

nicht leben

und auch der mann
sah bald so aus
wie aus plastik
er dachte wie ein
mensch aus plastik
er redete wie ein
mensch aus plastik
er bewegte sich wie ein
mensch aus plastik
wie eine gliederpuppe
sauber
adrett
gleichmäßig

er konnte nicht sterben
und nicht leben

und die nachbarn sagten
der mann kann nicht sterben
er ist immer eben jung
immer eben alt

er ist tot
und läuft herum
er kann nicht sterben
und kann nicht leben

Wilhelm Willms

Aus: Wilhelm Willms: aus der luft gegriffen, 4. Aufl., © Verlag Butzon & Bercker, Kevelaer 1976, S. 82f.

FLOWER-POWER – DIE BLUME ALS SYMBOL EINER ZEIT

Zwei bis drei Interviews mit Konfirmandeneltern, die besondere Erinnerungen an diese Zeit haben.

Lied: Sag mir, wo die Blumen sind (ML I, D 17, 1–6)

BIBLISCHE RÜCKBESINNUNG

Geschichte von Blume und Kolibri

Es war einmal eine kleine Blume – und wer sich selbst kennt, weiß, wen ich meine – also: Es war einmal eine kleine Blume, die stand mitten in der Wüste, war es nun eine Wüste aus Sand oder aus Stein oder aus Geld; jedenfalls war es eine Wüste.

Täglich wartete die kleine Blume auf einen Regentropfen. Immer hatte man ihr erzählt, wie wichtig und wie schön der Regen sei. Doch wenn es wirklich nach Regen roch, kamen die Geier und fingen alle Hoffnung ab.

Mit Mühe hielt sich die kleine Blume im lockeren Boden und hatte einfach Angst, Angst vor der sengenden Hitze, Angst vor der Einsamkeit, Angst vor dem nächsten Sturm. Ein Kolibri sah ihre Traurigkeit und sagte dies den anderen Tieren weiter.

Der Stier hatte kein Interesse. Für ihn galt nur, was stark ist. Auch der Bernhardiner blieb kalt, ihn rührte nichts. Sein Hobby war die Langeweile. Und die Elster, die immer so große Töne schwang, sagte, sie habe zu viele Termine und wirklich keine Zeit.

Da war der Kolibri verzweifelt; denn was sollte er, ausgerechnet der Kleinste, tun? Es konnte doch nicht wahr sein, dass sich die anderen Tiere drückten!

Da schwirrte er kurz entschlossen zu den Ameisen und berichtete ihnen von der großen Traurigkeit der Blume. Ohne zu zögern, bildeten die kleinen Tiere eine lange Kette, schleppten Grassamen und Früchte bis an die Wurzel des Kummers, benetzten alles ein wenig mit Tau, und es dauerte nicht lange: da wuchs Leben mitten in der Wüste, und die kleine Blume entwickelte sich zu einem strahlenden Glanz, den ihr niemand zugetraut hatte. Und alles war nur möglich, weil der Kolibri die Ameisen benachrichtigte.

Peter Spangenberg   © beim Autor, www.p-spangenberg.de

BÜNDELUNG (VERGÄNGLICHKEIT/FREUDE/FEST) UND AKTION BLUMEN-DUFTKARTEN VERTEILEN

Für den Gottesdienst wurden Klappkarten erstellt. Als Format wurde DIN A6 gewählt, das man sehr einfach erhält, wenn man Tonpapier (160g/m²) im Format DIN A5 quer beidseitig kopiert. Die DIN-A5-Vorlage wird in zwei Spalten eingeteilt. Bedruckt wird jeweils nur die rechte Spalte. Die Deckseite erhält ein Rosenmotiv, wie z. B. die hier abgebildete Rose.

Die Verwendung von weißem Papier erlaubt das Ausmalen der Rosenblüten in unterschiedlichen Farben. Als besonderer Clou wurde die Karte innen mit einem Duftöl betupft. Stilecht wäre »Rosenöl« gewesen, das aber ziemlich teuer ist. Die Duftnote »Bergamotte« kann gut als Ersatz verwendet werden. So kann mehr als eine optische Erinnerung an den Vorstellungsgottesdienst und sein Thema mitgenommen werden.

Auf der Innenseite findet sich der Text »Rilke und die Rose«.

Rilke und die Rose

Rainer Maria Rilke ging in der Zeit seines Pariser Aufenthaltes regelmäßig über einen Platz, an dem eine Bettlerin saß, die um Geld anhielt. Ohne je aufzublicken, ohne ein Zeichen des Bittens oder des Dankens zu äußern, saß die Frau immer am gleichen Ort. Rilke gab nie etwas, seine französische Begleiterin warf ihr häufig ein Geldstück hin. Eines Tages fragte die Französin verwundert, warum er nichts gebe. Rilke antwortete: »Wir müssten ihrem Herzen schenken, nicht ihrer Hand!«

Wenige Tage später brachte Rilke eine eben aufgeblühte weiße Rose mit, legte sie in die offene, abgezehrte Hand der Bettlerin und wollte weitergehen. Da geschah das Unerwartete: Die Bettlerin blickte auf, sah den Geber, erhob sich mühsam von der Erde, tastete nach der Hand des fremden Mannes, küsste sie und ging mit der Rose davon.

Eine Woche lang war die Alte verschwunden; der Platz, an dem sie vorher gebettelt hatte, blieb leer. Nach acht Tagen saß sie plötzlich wieder wie früher an der gewohnten Stelle. Sie war stumm wie damals, wiederum nur ihre Bedürftigkeit zeigend durch die ausgestreckte Hand. »Aber wovon hat sie denn in all den Tagen gelebt?«, fragte die Französin. Rilke antwortete: »Von der Rose …«

Josef Bill

Aus: Wolfgang Erk (Hg.): Hoffnungstexte, Stuttgart 1985, S. 163, © beim Autor.

Lied: Alle Knospen springen auf (ML II, B 129, 1–4)

Fürbittengebet

Vaterunser

Segen

Lied: Geh aus, mein Herz (EG 503,13–14)

Ablauf der Konfirmation(n)

Einzug der Konfirmandinnen und Konfirmanden mit musikalischer Begleitung (Posaunen, Orgel, Chor)

Begrüßung und Ansagen
Die Konfirmandinnen und Konfirmanden mit ihren Angehörigen
werden besonders begrüßt, eventuell auch der Chor oder andere
Mitwirkende. Den Hinweis auf das Fotografieren und Abschalten
der Handys bitte nicht vergessen!

Lied: Danke (EG 334,1–6)
oder: Geh aus, mein Herz (503,1+2+8+13)

Eingangswort und Psalmgebet im Wechsel (Psalm 23 oder 127)

Glaubensbekenntnis der Konfirmanden
> Wir glauben an Gott, unseren Schöpfer und Herrn.
> Er hält diese Welt in seinen Händen. Er ist immer gerecht
> und liebt jedes seiner Geschöpfe. Darum vertrauen wir da-
> rauf, nie ganz alleine zu sein, Gott ist immer bei uns.

> Wir glauben an Jesus Christus, seinen Sohn. Er kam als
> Mensch auf die Erde und tat viel Gutes:
> Er gab denen, die im Dunkel lebten, das Licht.
> Er gab denen, die Hunger hatten, zu essen.
> Er gibt denen, die die Schrecken des Todes erfahren, die
> Hoffnung zum Leben.
> Denn er selbst wurde für seinen Glauben gekreuzigt und
> begraben.
> Doch er durfte aufstehen vom Tod und ist nun unser Retter.
> Einmal wird er kommen, um uns zu erlösen.
> Darum glauben wir an die Auferstehung der Toten und das
> ewige Leben.

> Wir glauben an den Heiligen Geist, der uns Gottes Kraft
> gibt.
> Selig sind, die auf der Seite der Schwächeren stehen, sie
> wirken da, wo Gott sie hinstellt. Darum wollen wir nicht mit

den Augen lieben, sondern mit Worten und mit dem Herzen.
Amen.

Fürbittengebet Konfirmation

Pfarrerin/Pfarrer:

Unseren Dank und unsere Bitte bringen wir vor Dich, großer Gott, im Vertrauen, dass Du uns hörst und weißt, was für uns gut ist.

Konfi 1:

Wir sind dankbar für unser bisheriges Leben, für unsere Gesundheit, unsere Familien und die Freunde.
Wir danken auch für die Lebensmöglichkeiten, die viele andere nicht haben, für jeden neuen Tag ohne Krieg.
Wenn wir in die Welt blicken, wie sie ist, könnte unser Leben auch ganz anders verlaufen. So viel Streit, so viele Katastrophen, so viel Gewalt.
Hab Dank, Gott, dass wir uns immer wieder freuen und lachen können.

Konfi 2:

Wir sind dankbar für die Freude des heutigen Tages, das Fest und die Geschenke. Aber wir haben auch Gedanken, Träume und Wünsche über den Tag hinaus.
Wir hoffen, dass unser Leben in guten Bahnen verläuft, dass wir Freunde haben, die uns beistehen, und wir nie eine schlimme Krankheit bekommen.
Lass uns einen Menschen finden, mit dem wir gemeinsam durchs Leben gehen können. Lass uns einen guten Schulabschluss schaffen und einen Job finden, der uns Spaß macht.

Konfi 3:

Manche unserer Träume und Wünsche werden platzen, Gott. Vielleicht liegt es manchmal an uns selbst. Aber es passiert auch genug in dieser Welt.

Ungerechtigkeit und Rechtsradikalismus machen uns Angst. Wird der Tod uns einen Menschen nehmen, der uns wichtig ist?

Werden wir auch zu den vielen Arbeitslosen gehören, die es in Deutschland schon gibt? Ob es wieder einen Weltkrieg geben kann?

Oder eine große Naturkatastrophe wie den Tsunami auch bei uns?

Wir hoffen, dass Du uns auch in schweren Zeiten hilfst und behütest. Hilf uns, verantwortlich zu handeln und mit Menschen, Tieren und Pflanzen in Frieden zu leben.

Pfarrerin/Pfarrer:

Begleite die Schritte der konfirmierten Jugendlichen in die Selbstständigkeit. Lass sie ihren Weg finden und auch verantworten, damit sie blühen und reifen und ihr Leben gelingt.

Um Deinen Segen bitten wir Dich für alle, die gekommen sind, um diesen Freudentag zu feiern. Sei Du auch bei denen, die dazugehören, aber nicht kommen konnten.

Sei am heutigen Tage grade denen besonders nahe, die die Schrecken des Krieges noch am eigenen Leib erfahren haben und deren Kindheit und Jugend von Trümmern und Hunger geprägt war.

Verstorbene: …

Amen.

Konfirmationspredigt

Liebe Festgemeinde! Liebe Konfis!

Am Anfang war da nur eine reizvolle Idee. Aus der Vielzahl der möglichen Themen habt ihr die Blume als Symbol für euren Jahrgang ausgesucht und damit euren Vorstellungsgottesdienst gestaltet.
Die technische Umsetzung war durchaus anspruchsvoll. Selten haben Konfigruppen in der Vergangenheit so lange an ihrem Symbol gebastelt, ohne von Anfang an zu wissen, wie denn die Fantasieblume am Ende aussehen wird. Jede und jeder konnte ja nur das eigene Blatt gestalten. Viel Rot wurde dabei verwendet, wie man sieht. Heute, zum Tag eurer Konfirmation, fallen mehrere Ereignisse zusammen – und eure Blume verbindet sie in großartiger Weise. Zufall oder Geschenk? Das sei dahingestellt.
Heute ist nicht nur Konfirmation, sondern auch Muttertag. Da soll man »Blumen sprechen lassen«! Das war mal ein Werbeslogan, mit dem ein Blumenlieferservice geworben hat. Und die Gärtner und Floristen-Innung hat diesen Nimbus »Muttertag« kräftig mit gepuscht. Leider fällt die Konfirmation öfter mal auf einen Muttertag. Tut mir leid, liebe Mütter, ich fürchte, es wird heute bei der Doppelbelastung bleiben. Allerdings steht da heute eine Blume, wie sie auf der ganzen Welt einmalig ist. Die können sie zwar nicht mit nach Hause nehmen, denn den Beton für den Fuß habe ich selbst gemischt im Schweiße meines Angesichts. Aber ein Bild ist möglich – und ihr Konfis habt ein Muttertagsgeschenk, denn es könnte sein, dass ihr es im Blick auf eure Konfirmation vergessen habt.
Der Hintergrund des Muttertags ist ernster. 1872 trat die Schriftstellerin und Frauenrechtlerin Julia W. Howe mit der

Forderung, dass den amerikanischen Müttern ein offizieller
Feiertag gebühre, an die Öffentlichkeit. Ihre Tochter, Ann
Marie Reeves Jarvis, griff die Idee wieder auf und startete
am 9. Mai 1907, dem zweiten Todestag ihrer Mutter, einen
Werbefeldzug für die Einführung eines offiziellen Muttertags. Dieser Werbefeldzug war letztlich von Erfolg gekrönt.
Als Präsident Wilson am 8. Mai 1914 den Muttertag für jeden zweiten Sonntag im Mai zum nationalen Ehrentag er-
klärte, hatte sie ihr Ziel erreicht. Es wurde Brauch, an diesem Tage eine farbige Nelke zu Ehren der lebenden Mütter
zu tragen oder eine weiße im Angedenken für die bereits
gestorbenen Mütter.
Nach dem Ersten Weltkrieg setzte sich der Muttertag auch
auf dem europäischen Festland durch, zunächst in Österreich
und Skandinavien, 1923 dann auch in Deutschland. Hier wurde
er von den Nationalsozialisten missbraucht für ihre Mutter-
kult-Ideologie und der Muttertag wurde Staatsfeiertag.

Das führt mich zum dritten Thema des heutigen Tages. Alle
Medien haben umfangreich berichtet: am 8. Mai jährt sich
zum 60. Mal *(bzw. XX. Mal, bitte entsprechend ändern)* der
Tag des Kriegsendes. Noch heute stehen vereinzelt Blumen
vor Grabsteinen auf den Soldatenfriedhöfen – auch in unserer Stadt. Unvergesslich und lebendig in der Erinnerung ist
das unvorstellbare Leid des Krieges. Bei einigen von euch
Konfirmandinnen und Konfirmanden tauchte die Angst vor
Krieg in den formulierten Gebetsanliegen auf, obwohl ihr
selbst, gottlob, nie Kriegserfahrungen hattet und hoffentlich
auch nicht machen müsst. Andererseits gehört ihr zur letzten Generation derer, die noch mit Zeitzeugen sprechen
können.
»Where have all the flowers gone« dieses Lied von Pete
Seeger, 1955 geschrieben, wird zu einem weltumspannenden
Protestlied gegen den Krieg. Eben haben wir es vom Gospel-

chor gehört. Auch die deutsche Übersetzung ist populär und beide Versionen finden sich in unserem Konfi-Liederbuch.

Dieses Lied erzählt eher in biblischer Weise von der Blume. Mich hat bei der Recherche überrascht, wie selten das Wort »Blume« im Alten wie im Neuen Testament auftaucht. Wenn von Blumen die Rede ist, dann nicht in eurem Sinne als Symbol für Liebe, Freundschaft und Schönheit, sondern als Zeichen für Vergänglichkeit. Die einzige positive Erwähnung, die ich gefunden habe, stammt aus der Bergpredigt Jesu: Seht die Lilien auf dem Feld in ihrer Schönheit! Jesus vergleicht sie mit der Pracht des legendären Königs Salomo. Aber selbst hier wird nicht abgesehen von ihrer Vergänglichkeit. Der Hintergrund jedoch ist eine Ermutigung zum Leben: »Sorgt euch nicht um euer Leben, was ihr essen und was ihr anziehen werdet. Längst hat Gott für euch gesorgt.« (Matthäusevangelium 6,28ff.)

Tja, buchstabieren Sie das mal für den heutigen Tag: Sorgt euch nicht um euer Leben, was ihr essen, was ihr trinken werdet, was ihr anziehen werdet, denn längst hat Gott für euch gesorgt ...

Wahrscheinlich geht es allen so: Wenn man sich im Blick auf den Tag der Konfirmation über etwas besonders viele Gedanken gemacht hat, dann über die Frage der richtigen Kleidung. Gerade für die Mädchen gab es in den letzten Stunden ja kaum noch ein anderes Thema, verbunden mit der entsprechenden Unruhe. Und natürlich haben sich insbesondere die Eltern um das richtige Essen und Trinken für diesen Festtag gesorgt – oder etwa nicht?

Es fällt ja nicht einfach alles vom Himmel.

Der Rat, den Jesus gibt, bedeutet nicht einfach, keine Vorsorge zu treffen. Er sagt vielmehr: Geht nicht auf in der Sorge um Essen und Kleidung, als ob das alles wäre, worum es im Leben geht. Ihr gewinnt oder erhaltet nicht eure Lebendigkeit dadurch. Und gerade da wird die Blume zum entscheidenden Symbol – und ihr könntet euch durch euer Konfirmationsthema in besonderer Weise daran erinnern.

Das, worauf es im Leben ankommt, ist aufzugehen und zu erblühen. Seine eigene Bestimmung finden und die richtige Zeit, sie zu erfüllen. Das kann von Mensch zu Mensch sehr unterschiedlich sein – wie bei den Blumen:

Es ist ja schon eigenartig, wie oft eine Blume erblühen kann (wenn es keine einjährige Art ist), sofern die Rahmenbedingungen stimmen. Manche erblühen nur, wenn ausreichend Licht vorhanden ist. Ist die Vegetation der Bäume oder Büsche darüber zu dicht, erblühen sie manchmal Jahre nicht, wird das Oberholz geschnitten, sind sie wieder da.

Das erinnert mich an die Fähigkeit des Menschen, immer wieder erneut zur Blüte zu gelangen, wenn der Wille zum Leben da ist. Vielleicht für einen zweiten oder dritten oder vierten Frühling. Wie groß war der Lebenshunger in den Nachkriegsjahren, die von Krieg geprägte Kindheit oder Jugend nachzuholen – aber nicht immer ging das. Oder es ging nicht immer gut.

Ihr Konfis, oder mindestens einige von euch, steht ganz im Erblühen der Jugend mit ihren Reizen, den Reizen der Liebe, den Reizen des Wachsens und Bewundert-Werdens. Das ist eine schöne, aber auch vergängliche Zeit. Reize verblassen, wenn es nur um das Äußerliche geht. Blühen ist eine Kunst des sich Öffnens und Verschließens zur rechten Zeit. Blüten richten sich dabei nach der Sonne aus. Sonnenblumen folgen mit ihrem Kelch gar dem kompletten Lauf der Sonne und drehen ihren Blütenkelch im Lauf des Tages.

Folgt auch ihr der Sonne – oder dem ein oder anderen Irrlicht? Oder kokettiert mit den Bienchen? Eine Blüte dauert nicht ewig, so viel ist sicher; auch wenn es mehrere Zyklen des Blühens im Lauf der Jahre geben mag. Die Zeiten des Lebens wollen genutzt werden.

So lasst mich mit einer Geschichte von einer Blume enden, die eigentlich ein modernes Märchen ist:

Eine Blume stand in einem Garten mitten unter roten, blauen und gelben Blumen – eigentlich waren alle Farben schon vorhanden. Sie meinte aber, eine besondere Blume zu sein. Deshalb beschloss sie, keinesfalls im Frühjahr schon zu erblühen, sie könnte ja einem Spätfrost zum Opfer fallen. Da wollte sie nicht zu früh ihren bergenden Knospenmantel verlassen. »Wie leichtsinnig meine Mitblumen ihre Blüte riskieren!«, dachte sie. Und richtig: einige von ihnen überstanden wirklich einen Nachtfrost nicht und waren traurig anzusehen mit ihren gesenkten Köpfchen. Da fühlte sie sich bestätigt.

Im Mai und Juni erblühte dennoch eine Blume nach der anderen und verströmte ihren Duft und erfreute die Augen der Vorübergehenden.

Die Nelken und die Pfingstrosen leuchteten um die Wette.

Nur diese eine Blume weigerte sich trotzig, ihre Knospe zu öffnen.

Sie hatte Angst, jemand könnte sie pflücken, wenn sie so schön blüht. Und in einer Vase wollte sie nicht landen. Allerdings bewunderte sie heimlich die Pracht ihrer Freundinnen, wie sie ihre Blätter der Sonne entgegenstreckten. Diese lebendige Vielfalt war ihr nicht geheuer. Ob sie überhaupt mithalten könnte mit der Schönheit der anderen? Vielleicht würde sie als Blüte versagen?

Die Knospe gab ihr Halt und Sicherheit in den manchmal auch kühlen Sommernächten, aber die Einsamkeit und Enge bedrängten sie ebenfalls. Sie war ausgeschlossen von dem prallen Leben und Blühen auf ihrem Beet. Sie wurde immer ratloser. Wer weiß, wie die anderen Blumen auf mich reagieren werden. Immerhin kennen sie mich nur als Knospe. Vielleicht werden sie lachen, wenn ich mein Innerstes nach außen gekehrt habe. Und alle Bedrohungen fielen ihr wieder ein:

Der stolze Rittersporn war letzte Nacht vom Wind umgeweht worden.

Die Margeriten: ein Mädchen hatte neulich fast alle gepflückt, einfach ausgerissen. Nein, danke!

Die Wochen vergingen. Schließlich war es Ende August. Immer schwerer wurde ihr die Entscheidung. Sollte sie das Risiko eingehen. Sie war bereits eine alte Knospe. Sie hatte keine Erfahrung mit dem Blühen.

Im September wurden die Sonnenstrahlen milder und das Blumenbeet immer leerer. Da wusste die Knospe plötzlich, dass sie sich entscheiden musste. Mit dem September kam bald der Herbst. Sie nahm allen Mut zusammen und arbeitete sich aus ihren inzwischen harten Schalen hervor. Sie wurde eine fantastische Blüte, von vielen bewundert, weil sie ihre Farben weit leuchten ließ. Am meisten aber freute sie sich, dass sie endlich den Mut zum Blühen gefunden hatte. Sie spielte mit Wind und Sonne und war einfach nur glücklich. Sie wusste jetzt, dass Blühen nichts mit KÖNNEN zu tun hat, sondern mit SEIN. Sie hatte zu sich selbst gefunden.

Was aus ihr geworden ist, ist nicht überliefert. Vermutlich hatte sie nur kurz geblüht, damals im September, da sie sich so lange nicht entscheiden konnte. Aber sie war eine herrliche Blüte.

Dass ihr euch entscheiden könnt auf euren Lebenswegen zur rechten Zeit, dass ihr nicht nur einfach tut, was alle tun, sondern eure Zeit und Bestimmung findet, das wünschen wir euch an diesem Tag, wo die Kindheit hinter euch liegt, und das Leben gewonnen werden will.

Und die anderen mögen mitnehmen, dass das Blühen nicht auf den Frühling, die Jugend beschränkt ist. Die Kraft des Lebens, die Kraft der Gnade Gottes, die Sehnsucht nach dem Leben und der Liebe kann und soll uns auch in anderen Lebensphasen zum Erblühen bringen. Das ist sogar schwerer,

weil die Knospenblätter im Lauf der Jahre hart werden –
und wir selbst manchmal auch!

»Sorgt euch nicht um euer Leben«, sagt Jesus; »Vertraut
auf Gott und seine Fürsorge für euch.« Vielleicht entdeckt
ihr in euren Konfirmationssprüchen in späteren Lebensphasen
einmal die Wegweiser, die euch weiterhelfen. Euer Symbol
der Blume sei euch Erinnerung.

Amen.

Möglichkeiten der Weiterarbeit/Variationen

Natürlich wäre es auch eine Möglichkeit, das Motiv der Blume
anders zu entfalten, indem jede/r eine eigene Blume ist, die in
einem Garten steht. In diesem Fall wäre zu überlegen, wo groß
und wo ein solcher Garten« angelegt werden kann, ob es »echte«
Blumen sind, die jede und jeder für sich pflanzt und die dann auf
dem Kirchengrundstück mindestens über den Sommer blühen
und Pflege brauchen (wer macht das aus der Gruppe?), oder ob
es angefertigte, symbolische Blumen werden sollen (Fantasieblu-
men oder Orientierung an der Botanik?).

Eine andere Variante wäre, die Passionsblume bzw. ihre Blüte als
gemeinsames Motiv zu nehmen. Sie ist mittlerweile auch in unseren Breiten in Baumärkten und Blumengeschäften erhältlich
und im Übrigen durchaus winterfest.

Denkbar wäre, ein größeres, kräftiges Maracuja-Gewächs zu kaufen oder heranzuziehen, eine der wunderbaren Blüten zu fotografieren und per Beamer zu projizieren. Die Blüten sind allerdings
nur sehr kurzlebig. Man muss warten, bis sie aufblühen, so, wie
auch im richtigen Leben Menschen selten alle gemeinsam zu gleicher Zeit aufblühen. Die Namen der Konfis könnten als Namens-
schilder in die Ranken der Passionsblume gehängt werden. Alle

könnten zur Konfirmation eine Passionsblüte bekommen, was allerdings bei größerer Anzahl aufwändig in der Beschaffung ist. Die Blüte hat einen Strahlenkranz, der für die Sonne steht, fünf Pollentaschen, die Arme, Beine und den Kopf Christi symbolisieren, und drei Blüten-Stempel, die für die Nägel am Kreuz stehen.

Hier noch die Vorlage für die Ankündigung von Vorstellungsgottesdienst und Konfirmation im Gemeindebrief:

Wie jedes Jahr dürften sich die Konfirmandinnen und Konfirmanden eines Jahrgangs ein Thema und ein Symbol wünschen, mit dem sie sich der Gemeinde vorstellen und später konfirmiert werden wollen.

In diesem Jahr ist es eine Fantasieblume. Ein Konfirmand: »Aus einer Reihe unterschiedlicher Themen stimmten wir für das Thema ›Blume‹. Unsere Konfi-Gemeinschaft soll eine Blume und jede Einzelne und jeder Einzelne ein Blütenblatt darstellen. Darum ist da auch der Name drauf. Wir haben uns dafür entschieden, weil die Blume ein Symbol für Liebe, Frieden, Duft und Schönheit ist.«

In der biblischen Überlieferung ist die Blume bis auf eine Stelle eher ein Symbol der Vergänglichkeit. In der Bergpredigt sagt Jesus jedoch: »Seht die Lilien auf dem Felde, wie sie wachsen.« Selbst Salomo in all seiner Herrlichkeit war nicht gekleidet wie eine von ihnen. Wenn Gott so für die Blumen sorgt, wie viel mehr wird er sich um euch sorgen? Eine gute Wegweisung und Ermutigung für Jugendliche, die in schwieriger Zeit heranwachsen.

Galt das nicht auch in früheren Zeiten schon? Wenn die Jugendlichen am 8. Mai, dem Jahrestag des Kriegsendes konfirmiert werden, bekommt das Thema eine weitere Dimension. *Sag mir, wo die Blumen sind* ... das war ein sehr bekannt gewordenes Protestlied gegen den Krieg und die Zerstörung. Und die Blume im Gewehrlauf wurde ein Zeichen für die Friedensbewegung. Und wofür steht sie heute? Das ist nicht nur eine Frage an die Konfirmanden.

»Wir sind Tropfen im Fluss des Lebens«

Ideensammlung und Erschließung des Themas

Die Idee zu diesem Thema hatte verschiedene Wurzeln. Sie entstand u.a. in Erinnerung an ein schönes Taufprojekt des Jahrgangs und einen gemeinsamen Ausflug an die nahe gelegene Sieg mit einem Picknick. Die fließenden Wasser eines Flusses sind Sinnbild für die Gemeinschaft. Die Schwierigkeit bestand darin, einen einzelnen Tropfen, der normalerweise flüssig und sehr klein ist, sichtbar zu machen und mit den jeweiligen Namen der Konfirmanden zu beschriften.

Wir haben keine »Papptropfen« genommen, sondern uns für blaue Luftballons entschieden, in die etwas Wasser gefüllt und die dann aufgeblasen wurden. Jeder trägt zum Vorstellungsgottesdienst seinen eigenen Tropfen in die Kirche und legt ihn nach der namentlichen Vorstellung vom Taufbecken ausgehend zu einem Fluss zusammen.

Ein Fluss ist ein gutes Sinnbild für das Leben. Wir leben von der Quelle bis zur Mündung und gehen ein in das Meer der Unendlichkeit, ohne dass unser Wasser verloren geht. Aber als Fluss sind wir nicht mehr erkennbar. Ein Fluss ist Teil des Wasserkreislaufes, der zugleich ein Kreislauf des Lebens ist.

Die verschiedenen Teile eines Flusses können gut mit verschiedenen Lebensphasen in Verbindung gebracht werden.

Von der Quelle aus fließt ein Fluss meist schnell dahin und hat

im Oberlauf oft Stromschnellen oder kleine Wasserfälle. Das
könnte Zeichen für die Jugend sein.
Ist ein Fluss erst einmal angewachsen und breiter geworden,
kann er Boote oder Schiffe tragen, Wasserräder bewegen, ganze
Landschaften verändern, indem er in stetem Fließen selbst Fel-
sen im Lauf der Jahre formen kann. Das könnte Sinnbild für die
Aufgaben des Lebens als Erwachsener sein. Wir haben einen
Beruf mit einer Aufgabe, entwickeln Kraft und tragen Verantwortung und suchen nach Beständigkeit ebenso wie nach Ver-
änderung.
Altarme oder Schotterbetten eines Flusses stehen für die kargen
Zeiten des Lebens, die Irrwege, die wir gegangen sind, die Kraft,
die zu manchen Zeiten auch versiegt.
Strebt ein Fluss der Mündung zu, fließ er recht langsam. Seine
Wasser tragen seine Geschichte. Unser Leben speist sich aus vielen Zuflüssen, die für die lange Lebenserfahrung stehen. Der Bal-
last, den ein reißender Fluss mitgenommen hat, kann sich abset-
zen. Bei einigen Flüssen ist der Übergang vom Fluss zum Meer
»fließend«, so wie auch das Ende unseres Lebens keine scharfe
Grenze markiert, sondern einen Übergang.

Weitere Assoziationen der Konfirmandinnen und Konfirmanden
zu ihrem Thema:
* Wasser trägt und bedeutet Erfrischung und Spaß, z. B. beim
  Schwimmen oder Boot fahren.
* Wasser ist Bewegung. Stehendes Wasser wird leicht faul und
  stinkt.
* Wasser sorgt für Reinheit und Leben.
* Wasser kann übermächtig werden, z. B. bei Überschwemmun-
  gen.
* Wasser findet immer seinen Weg und ist nicht dauerhaft auf-
  zuhalten.
* Wassertropfen sind auch unsere Tränen. Sie sind salzig wie das
  Meer.

- Mit Wasser wird getauft. Der Jordan ist ein besonderer Fluss, weil Jesus in ihm getauft wurde.
- Fällt Sonnenlicht in einen Wassernebel (z. B. an einem Wasserfall), wird der Regenbogen sichtbar.
- Viele Sprichwörter oder Redewendungen gibt es zu diesem Thema:
  - Steter Tropfen höhlt den Stein.
  - Der Tropfen, der ein Fass zum Überlaufen bringt.
  - Stille Wasser sind tief.
  - Ein Tropfen auf einem heißen Stein.
  - Mit allen Wassern gewaschen sein.

Arbeitsaufträge, Tipps, Bauanleitungen

Wasserballons

Eine Bauanleitung zu diesem Symbol ist über-*flüssig*. Allerdings sollte man sehr sorgfältig auf das Material der Luftballons achten und keine leicht reißenden Billigprodukte kaufen. Das war nicht nur wegen des Parkettbodens in unserer Kirche ratsam. Auch ein durchnässter Konfirmand im Vorstellungsgottesdienst sorgt zwar für unfreiwillige Lacherfolge. Der Konzentration im Gottesdienst ist dies jedoch abträglich. Um ein Gefühl für die Haltbarkeit der Ballons zu entwickeln, sollte man etwa die doppelte Anzahl kaufen und die Konfirmandinnen und Konfirmanden damit im wahrsten Sinne des Wortes spielen lassen. Das bedeutet konkret: sie müssen ein Gefühl dafür entwickeln, wie viel Wasser und wie viel Luft ihr Ballon aushält, ohne zum Platzen gespannt zu sein. Da natürlich der eine oder andere Ballon platzt, macht man diese Tests am besten im Freien. Das Spielen und Ausprobieren hatte noch einen ganz anderen Effekt. Uns sind einige Ideen für die Umsetzung dabei gekommen. Ein Ballon, der nur mit Wasser gefüllt ist, bleibt klein und plump. Ein Ballon, der nur mit Luft gefüllt ist, ist instabil und rollt oder fliegt davon. Optimal ist eine Mischung aus ca. $1/5$ Wasser und $4/5$ Luft. Erstens gibt es tolle Tropfeneffekte im Ballon selbst, wenn man das Wasser darin schüttelt. Wir haben diese Tropfeneffekte im Gottesdienst durch eine Beleuchtung mit Spotlicht noch verstärkt. Zweitens kann man auf diesem Ballon ganz unterschiedliche Geräusche erzeugen, je nachdem, ob man auf den mit Wasser gefüllten oder den mit Luft gefüllten Teil mit den Fingern trommelt. Wir haben die unterschiedlichen Klangbilder im Gottesdienst für die akustische Darstellung von Regen über Tröpfeln bis zum Platzregen genutzt und damit die Lesung aus der Schöpfungsgeschichte begleitet (… Gott, der Herr, hatte noch nicht regnen lassen).

Der Konfirmanden-Fluss, der später aus den großen Tropfen mit Namen gelegt wird, sollte in seinen Begrenzungen mit einem blauen Seil vorgezeichnet werden. Die Ballonansammlung wird dadurch »in Form gehalten«, denn ein Luftzug kann sie sonst bereits ins Rollen bringen.

Nach der ersten Probe wurde klar: Wenn die Namen mit blauem Edding auf die blauen Ballons gemalt werden und die Ballons dann noch am Boden liegen, ist das zwar inhaltlich stimmig, sieht für einen Vorstellungsgottesdienst bzw. eine Konfirmation aber recht unspektakulär aus. Daraus entstand die Idee, dass jeder zusätzlich ein »Tropfenbild« malt und mit Namen beschriftet.

Tropfenbild malen und einen Ballon füllen

Wie die Ballons befüllt und beschriftet werden sollen, wurde oben bereits beschrieben: $1/5$ Wasser zu $4/5$ Luft in den Ballon füllen, nicht zu stramm aufblasen. Mit Edding den Namen aufschreiben.

Für die Tropfenbilder bekommt jede Konfirmandin und jeder
Konfirmand ein DIN-A3-Blatt oder Zeichenblockblatt, einen
Wasserfarbkasten und einen Strohhalm. Wenn das Wetter es zulässt, sollte diese Aufgabe im Freien erledigt werden. Das Blatt
wird mit Tesafilm oder einer Heftzwecke auf einem Tisch befestigt. Mit einem Pinsel wird Wasserfarbe in der oder den persönlichen Lieblingsfarben angerührt, auf das Blatt getropft und dann
mit dem Strohhalm »zerblasen«. Daraus ergeben sich sehr schöne
Effekte (siehe S. 108f.). Die Bilder mit den Namen darauf werden
in der Taufecke aufgehängt und betonen so noch einmal den Zusammenhang von Taufe und Lebensfluss.

Die Bedeutung des Tropfens (Teilgruppe, ca. 4–7 Konfis)

Tropfen können bedeutsam sein und wichtig. Sprichwörter
machen das deutlich.
Überlegt euch Situationen oder Geschichten, auf die die
Sprichwörter passen würden. Hier als Anregung einige Bei-
spiele:
Das ist wie ein Tropfen auf einem heißen Stein.
Das ist der Tropfen, der das Fass zum Überlaufen bringt.
Steter Tropfen höhlt den Stein.
Bedenkt auch, was in einer Tropfsteinhöhle geschieht. Über
zigtausend Jahre formen Tropfen Stalaktiten und Stalagmi-
ten in den tollsten Formen. Wo ist die nächste Tropfstein-
höhle? Wer war schon einmal in einer und kann die Kraft der
Tropfen beschreiben?

In einem Tropfen kann sich Licht brechen und dann alle Farben des Regenbogens reflektieren. Es kommt nur auf das
richtige Licht zur richtigen Zeit an. Wollt ihr einen Regenbogen auf den Steinwänden hinter dem Taufbecken aus Krepp
gestalten?

Ein Tropfen kann auch Tau am Morgen sein, im Gras, auf Pflanzen, in einem Spinnennetz, das nun silbern glitzert. Der Tropfen hilft, die Schönheit der Natur zu entdecken.

Ein Tropfen kann auch eine Träne sein. Fällt euch eine Situation dazu ein? Vielleicht, wie eine Träne eine Situation verändert hat?

»Bibeltext aussuchen« zu Tropfen, Fluss, Bach, Fließen, Wasser (Teilgruppe)

Sucht für den Vorstellungsgottesdienst passende Bibeltexte zu den genannten Stichwörtern. Hier ist eine Auswahl von Stellen. Schlagt nach und wählt aus den Texten zwei oder drei aus, die ihr für den Vorstellungsgottesdienst geeignet findet:

- Johannes 7,37–38
- Psalm 23,1–3
- Psalm 42,1–3
- 2 Mose 17,1–7
- Jesaja 43,1–5
- Matthäus 8,23–27
- 2 Mose 14,21–30
- Markus 1,9–13
- 1 Mose 1,1+2.6–9
- 1 Mose 2,8–15
- Johannes 13,2–5
- Johannes 2,1–12
- Johannes 5,1–9

Vielleicht findet ihr auch noch weitere Stellen. Im Internet könnt ihr die Stichwörter unter www.bibelserver.com nachschlagen.

Unsere Auswahl: …

Sinnbild – Ein Fluss von der Quelle bis zur Mündung (Teilgruppe)

Betrachtet das Schaubild zum Strom des Lebens auf der Rückseite. Findet weitere/andere Stichworte für das, was mit einem Fluss geschehen kann, z. B. Wasserfall, oder Wehr.

Was bedeutet es wohl, wenn Menschen ihr Leben mit einem Fluss vergleichen? Kommt das für dich auch in Frage? Wie könnte ein alter Mensch sein Leben erzählen? Was könntest du für dein Leben sagen, wenn du ein Fluss wärst? Was hoffst oder erwartest du?
Schreibt eure Gedanken auf. Oder malt ein großes buntes Bild von einem Fluss und tragt darin die Stichworte aus dem Schaubild ein, also eine Quelle mit etwas Grün drum und daneben das Wort »Geburt« oder »Neuanfang« usw.

Das Schaubild ist ein in drei Stichwortreihen geschriebener Fluss, die Stichwörter reihen sich in Flussbiegungen aneinander:
1. Reihe: Geburt – Taufe – Konfirmation – Hochzeit – Tod – Beerdigung
2. Reihe: Quelle – frisches Wasser – Strudel – stehendes Wasser – Strom – Mündung
3. Reihe: Freude – Kindheit – Glück – Liebe – Schuld – Unfall – Begegnungen

Lieder und Psalm aussuchen zu Tropfen, Fluss, Bach, Fließen, Wasser (Teilgruppe)

> Nehmt das rote und das grüne und das dicke Kirchenlieder-
> buch (EG). Es gibt ein Stichwortverzeichnis, vielleicht hilft
> es euch bei der Suche. Sucht nach Psalmgebeten, die passen,
> und schreibt die Nummer oder Seitenzahl auf.

Unsere Vorschläge für einen Psalm: ...

> Sucht nach Liedern, die passen, und schreibt deren Nummer
> auf.
> Bereits ausgewählt wurden:

> Welches Lied schlagt ihr als Vorstellungslied der Konfirman-
> dinnen und Konfirmanden vor?

Wasserbahn (Teilgruppe)

Eine Kleingruppe hatte beim Brainstorming die Idee, aus einem
Kindergarten eine Wasserbahn auszuleihen und für den Vorstellungsgottesdienst einzusetzen, damit auch wirklich etwas sichtbar
Fließendes zu sehen ist und nicht nur der symbolische Fluss aus
den Luftballons. Die Teilgruppe erhält folgende Instruktion:

> Baut die Wasserbahn auf und reinigt sie von Sand! Prüft, ob
> sie dicht ist (wichtig für einen Aufbau in der Kirche!!). Was
> kann man mit der Bahn machen um das Thema Lebensfluss,
> Fließen, »Wasser trägt« zu verdeutlichen? Kann man das,
> was aufgebaut ist, noch aus 10 m Entfernung sehen?
> Baut eine Strecke auf und erprobt sie!

Ein »give-away« zum Thema suchen

Was könnten wir den Gottesdienstbesuchern als Andenken mitgeben? Eine Botschaft oder Geschichte oder ein Gedicht auf einem Papptropfen? Wollt ihr etwas basteln und wenn ja: was? Besprecht euch miteinander und macht Vorschläge für die Gesamtgruppe.

Schlussgebet

Bedenkt die Stichworte vom Anfang und formuliert Dank- und Bittesätze für das Schlussgebet. Achtet darauf, dass verschiedene Aspekte und unterschiedliche Personen, über die wir gesprochen haben, mit bedacht werden. Teilt auf, wer welchen Teil des Schlussgebetes spricht.

Der Vorstellungsgottesdienst mit den Texten und Vorschlägen der Konfirmandinnen und Konfirmanden

Musik zum Eingang – Begrüßung

Liebe Gemeinde!

Wir möchten uns Ihnen heute als Konfirmandengruppe vorstellen. Als Thema haben wir uns: »Wir sind Tropfen im Fluss des Lebens« ausgewählt. Deshalb hat auch jede/jeder von uns so einen blauen Luftballon mit etwas Wasser gefüllt und den eigenen Namen darauf geschrieben. Wir sind darauf gekommen, weil Wasser für uns mit Spaß und Lebendigkeit verbunden ist. Als wir einen Ausflug an die Sieg gemacht haben, haben wir

uns gegenseitig nass gespritzt und hatten einen tollen Nach-
mittag. Das Wasser hat uns auch getragen, als wir schwimmen
waren. Nun sind wir heute selbst die Tropfen und laden Sie
ein, diesen besonderen Gottesdienst mit uns zu feiern.

Lied: Ein Schiff, das sich Gemeinde nennt (EG 604,1–3, Regionalteil RWL)

Gottesdiensteröffnung und Psalmgebet im Wechsel

So sollen die sagen, die mit Schiffen auf dem Meere fuhren,
die den Herrn erfahren haben auf den großen Wassern,
    wenn er sprach und einen Sturmwind erregte,
    der die Wellen hob, dass ihre Seelen erzitterten,
die dann zu Gott riefen in ihrer Not,
und er errettete sie aus allen Ängsten.
    Der Boden schwankte unter unseren Füßen,
    wir taumelten und wankten und wussten keinen Rat mehr.
Wir wollen dir danken, weil du uns erlöst hast, und uns zusam-
mengebracht hast von Osten und Westen, von Norden und Süden.
    Die umherirrten in der Welt auf unebenen Wegen
    und fanden keinen Ort, an dem sie leben konnten,
die hungrig und durstig waren nach Leben,
aber ihre Seele verschmachtete,
    die dann zu Gott riefen in ihrer Not
    und er errettete sie aus all ihren Ängsten,
und führte sie den richtigen Weg in die Stadt, in der sie wohnen
konnten,
    die sollen Gott danken für seine Güte und seine Wunder,
    die er an Menschenkindern tut.

Psalmübertragung nach Psalm 107 von Uwe Seidel
Aus: Oekumene heute, Mein Liederbuch 2, 1993/2, © tvd-Verlag, Düsseldorf 1991, S. 10.

Ehr sei dem Vater ...

Gebet

Herr, unser Gott,
auf vielerlei Weise versuchen wir, etwas von Dir zu begreifen.
Du bist in allen Dingen und durch Dich sind alle Dinge – und
auch wir selbst.
Wir bitten darum, dass wir Dein Wort hören und Deine Nähe
spüren.
Lass uns unsere eigenen Wege suchen und finden im Fluss des
Lebens.

Herr, unser Gott,
schenke diesen Jugendlichen die richtigen Fragen.
Antworten werden sich dann finden lassen.
Sei Du bei all denen, die heute gekommen sind,
den Eltern und Freunden, der ganzen Gottesdienstgemeinde.
Lass uns Abstand nehmen von den Problemen und
Themen der vergangenen Woche, offen werden und frei für Dein
Wort.
Amen.

Lesung aus dem 1. Buch Mose, Kap. 1,1–9 und 1. Buch Mose
Kap. 2, Vers 4b-9
(dazu Klangbilder mit den Ballons als Wehen; leichtes Reiben mit
der Handfläche) Tröpfeln (leichtes Fingertrommeln), Regnen
(Fingertrommeln) und Prasseln (stärkeres Fingertrommeln); viel
Spaß beim kreativen Ausprobieren!

Apostolisches Glaubensbekenntnis

Lied der Konfirmandinnen und Konfirmanden

The river is flowing, flowing and growing,
the river is flowing back to the sea.
Mother earth, carry me, a child I will always be,
mother earth, carry me back to the sea.

Der Fluss, der will fließen, wachsen und fließen.
Der Fluss, der will fließen heim in das Meer.
Erde, du trägst mich hier, ich bin ein Teil von dir.
Erde, du trägst mich hier heim in das Meer.

Melodie und englischer Text: mündlich überliefert, indianischer Herkunft
Deutscher Text: Rüdiger Maschwitz, © beim Autor.

Zu diesem englischen und deutschen Kehrvers ziehen die Konfirmandinnen und Konfirmanden in einer Polonaise in Windungen durch die Kirche und halten dabei ihren blauen Luftballon. So entsteht der Eindruck eines Flusses aus Jugendlichen. Der Text ist so eingängig und einfach, dass die Gemeinde schon bald mitsingt oder summt.

Namentliche Vorstellung der Konfirmandinnen und Konfirmanden

Die Jugendlichen nennen ihren Namen (oder werden genannt), legen ihren Ballon in den durch ein blaues Seil begrenzten »Fluss« vom Taufstein ausgehend in Richtung Gemeinde.

Betrachtung der Wasserbilder in ihrer Unterschiedlichkeit. Sie stehen für die unterschiedlichen Persönlichkeiten der Jugendlichen.

Je nach Sichtverhältnissen können einzelne Bilder auch fotografiert und mit einem Beamer projiziert werden.

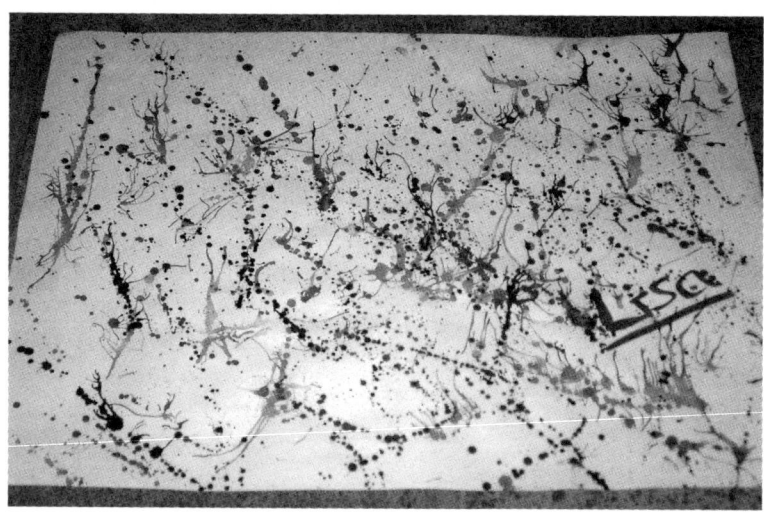

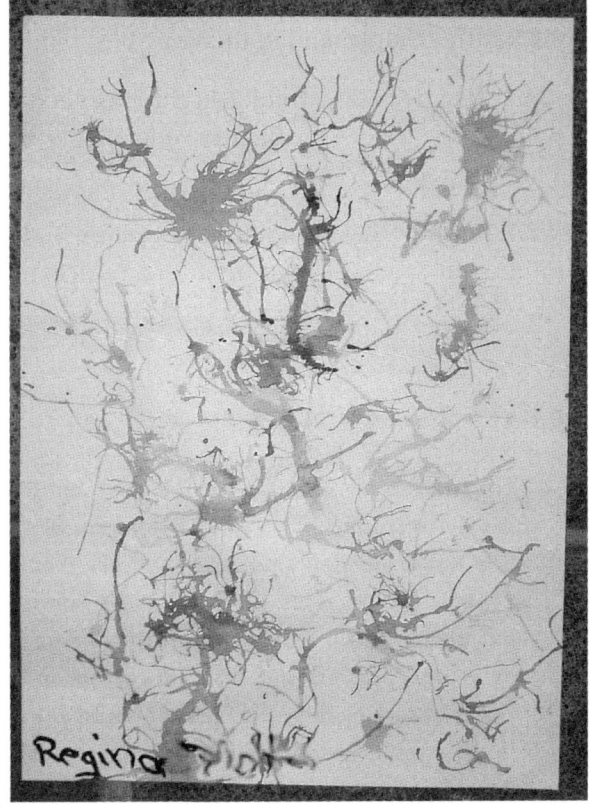

Fotos:
© Joachim Knitter

Interviews zur Wasserbahn

Drei Jugendliche interviewen sich gegenseitig zur Idee der Wasserbahn. Das Gespräch wurde nicht aufgezeichnet. Es sollte um der Lebendigkeit willen »live« stattfinden. Die Interviews hatten aber in etwa folgenden Inhalt:

> Erinnerung an die Kindergartenzeit – wir konnten spielend ausprobieren und begreifen, dass Wasser Schiffchen trägt, in Richtung des Gefälles fließt. Wir konnten sehen, wie Schleusen und Pumpen funktionieren. Auf unserer Wasserbahn fahren kleine Flöße aus Korken mit einem Pappsegel.

Kreislauf des Wassers

Einige Jugendliche haben Plakate zum Kreislauf des Wassers gemalt: Wolkenbildung auf dem Meer – Abregnen der Wolken an Bergen – Quelle – Bach – Fluss – die Mündung ins Meer. Sie erläutern den Kreislauf des Wassers als Kreislauf des Lebens.

Lied: Ins Wasser fällt ein Stein (EG 659,1–3, Regionalteil RWL)

Die Wichtigkeit der Tropfen

> Ein Tropfen ist fast ein Nichts, aber ein Fluss würde ohne die vielen Tropfen darin nicht existieren. Wir Konfirmandinnen und Konfirmanden sind auch nur ein Tropfen im Fluss des Lebens, und doch ist jede und jeder von uns wichtig, nicht nur als irgendein Tropfen, sondern als Person. Darum stehen auch unsere Namen auf unserem Luftballon-Lebensfluss. Gott kennt unsere Namen. Bei unserer Taufe wurden sie auch laut in der Kirche gesprochen. Jeder von uns ist zwar nur einer der 6,7 Milliarden Menschen, die auf der Erde leben, und

doch hoffen und glauben wir, dass Gott unsere Namen kennt und uns liebt. Das möchten wir euch in der Geschichte von »Tröpfchen« erzählen:

Nun lag Tröpfchen also in einem Taufstein. Zufällig. Wie es einem Regentropfen so gehen kann. »Taufe, was ist das?«, fragte es sich. Tröpfchen wusste es nicht. In dem Raum, in dem der Taufstein stand, war nur dämmriges Licht. Außerdem klangen alle Stimmen dumpf. Richtig unheimlich! Tröpfchen hatte Angst. Nun auch das noch.

Tröpfchen hatte sich eines Tages aufgemacht, sein Glück zu suchen. Verabschiedete sich von Vater und Mutter, ließ sich hinabgleiten von dem Baumblatt, auf dem es gesessen hatte, hinab in den Bach, an dessen Ufer es groß geworden war.

Hei, das war eine lustige Fahrt. Mal langsam, wenn das Bachbett breit und tief war, mal schnell an engen Stellen. Mal ruhig, fast lautlos, dann wieder plätschernd über Steine hinweg, aller Welt kündend, dass hier ein Bach seinen Weg gefunden hatte.

Tröpfchen genoss die Reise und dachte bei sich: »Das ist schon ein Glück, die Welt sehen zu können, hören zu können, was sie spricht, und sich an ihrem Sprechen zu beteiligen«. Aber es sollte noch besser kommen.

Ein großer Stein, an den es stieß, schleuderte Tröpfchen aus dem Bach hinaus. Es blieb auf dem Erdboden liegen, sank in ihn hinein, tief und tiefer.

Die Wurzel eines Baumes fing Tröpfchen auf. Nun nahm es den umgekehrten Weg, hinauf, und landete dort, wo der Baum es brauchte, um seinen vielen Ringen einen weiteren hinzuzufügen. Tröpfchen kam nicht ungeschoren davon. Erst war es bedrückt. Dann aber dachte es bei sich: »Das ist schon ein Glück, am Leben mitzubauen, auch wenn es etwas kostet.« Aber es sollte noch besser kommen.

Der Baum gab von Tröpfchen frei, was er nicht brauchte, frei in die Lüfte. Und wieder machte Tröpfchen eine große Reise, wurde mit vielen Wassertropfen erst eine Wolke, dann Regen und dann – für kurze Zeit – Teil eines Regenbogens; Tröpfchen fiel durch alle Farben und freute sich an ihrem Leuchten. Tröpfchen dachte bei sich: »Das ist schon ein Glück, am Segenszeichen Gottes mitbauen zu dürfen.« Aber es sollte noch besser ...

Nein, so können wir nicht weitererzählen. – Je länger Tröpfchen unterwegs war, desto mehr merkte es auch, wie schwer es ist, heutzutage sauber durchs Leben zu kommen – als Wassertröpfchen jedenfalls. Traurig wurde Tröpfchen, wenn es daran dachte, was es belastete. Nein, das war kein Glück!

Nun auch noch Taufe. »Was ist das, Taufe?«, fragte Tröpfchen halblaut. Es seufzte. Das hatte der Taufstein gehört, der Tröpfchen und all die anderen Wassertropfen beherbergte. Alt war er geworden und hatte so manchen Täufling erlebt. »Hab' keine Angst, kleiner Wassertropfen«, sagte er jetzt, »Ich will dir erzählen, was Taufe ist, und welch wichtige Rolle du dabei spielst. Also«, hob er an, »bei einer Taufe sagen wir einem Menschenkind, wie wichtig und einzigartig es in Gottes schöner Welt ist, dass es viel erleben wird in seinem Leben, aber dass Gott seinen Namen kennt und es begleitet. Das gilt für das Spielen und Spaßhaben ebenso wie für die Aufgaben im Leben, die jedes Menschenkind für sich entdecken und bewältigen muss: Mitbauen an Gottes schöner Erde und sie bewahren für spätere Menschenkinder und alle anderen Geschöpfe! Jedes Menschenkind ist wie du, Tröpfchen, ein Tropfen im Fluss des Lebens!« »Ich beginne zu verstehen ...«, antwortete Tröpfchen und wurde sehr froh und stolz.

Nach Dietmar Gerts

Aus: KU-Praxis 24: Taufendes Handeln der Gemeinde, Gütersloh 1988, S. 51.

Lied: Einer, der sein Kleid abgibt (ML I B 66,1–3)

Der Fluss als Sinnbild des Lebens

Die Jugendlichen dieser Gruppe haben ihr bisheriges Leben als Flusslauf gemalt und darin Lebensdaten (Geburtsdatum und -ort, Schule(n), Umzug, Geburt von Geschwistern, vielleicht auch die Trennung der Eltern etc.) eingetragen. Der weitere Verlauf des (Lebens-)Flusses wird von ihren Wünschen für das Leben geprägt

Die Sieg als Fluss, an dem wir leben

Eine Kurzbeschreibung des Flusses, an dem die Konfirmandinnen und Konfirmanden aufwachsen bzw. konfirmiert werden von der Quelle bis zur Einmündung in den Rhein. Auf eine Dokumentation wird verzichtet, weil sie für jeden Fluss je nach lokalen Verhältnissen neu geschrieben werden muss.

Zusammenfassung und Aktion

Ein Tropfen ist nicht einfach nur ein Tropfen, sondern hat seine Aufgabe und seine Würde im Fluss des Lebens. Das ist mehr als deutlich geworden in diesem Gottesdienst. Aber ein Tropfen ist eben auch ein Teil dieses Lebensflusses durch die Zeiten. Ihr Konfirmandinnen und Konfirmanden überblickt 13–14 Jahre eures Lebens. Ich bin sicher, eure Eltern und Großeltern und viele Gottesdienstbesucher haben in Gedanken ihr eigenes Leben bedacht, ihr eigenes Bild des Lebensflusses gemalt und manche haben sich schon den ein oder anderen Gedanken über das Meer, in das jeder Fluss mündet, gemacht. Ihr seid als Tropfen eher noch im Wildwasserstadium ...

Dass das Leben »im Fluss ist« und wir uns anderen mitteilen wollen und sollen, wird besonders anschaulich, wenn etwas auf dem Wasser schwimmt. Erst sollte es eine Flaschenpost sein, die jeder aufgeben kann, der mag, aber das ist ökologisch nicht ganz okay. Glasflaschen sollen recycelt und nicht in Gewässer geworfen werden.

Also haben die Konfirmandinnen und Konfirmanden aus Flaschenkorken kleine Flöße gebaut. Sie tragen in der Mitte einen Mast mit einem kleinen Segel aus Pappe. Darauf könnt ihr bzw. können Sie einen Gruß oder eine Botschaft schreiben. Nach dem Gottesdienst machen wir mit denen, die Lust dazu haben, einen Spaziergang zur Sieg und werden die kleinen Flöße wassern und auf die Reise schicken.

Die Flöße werden aus Weinkorken gebaut, indem diese mit einer Nadel je zur Hälfte angebohrt und dann mit einem Zahnstocher verbunden werden. In der Regel bestanden die Flöße aus sechs Korken, aber es sind auch andere Kombinationen denkbar. Für den Mast eignet sich gut ein Schaschlikspieß, für das Segel Pappe (160g/m^2). Entweder muss mit wasserfesten Stiften (permanente Folienstifte) geschrieben werden und/oder die Segel werden laminiert, um sie haltbarer zu machen. Ein Problem ist der hohe Schwerpunkt durch das Segel. Er kann durch Gewichte (z. B. dicke Schrauben) an der Unterseite des Floßes etwas ausgeglichen werden. Bei der Wasserung lässt sich sehr gut das nachfolgende Lied singen.

Lied: Ich habe mir ein Floß gebaut (ML I, B 98, 1–5)

Fürbittengebet

Gott, Dein lebendiges Wasser ist für alle da.
Du bist Brunnen und Quelle unseres Lebens.
Aus Dir schöpfen wir Kraft. Du machst uns groß
und gibst dem Fluss unsres Lebens die Richtung.
Am Ende kehren wir zu Dir zurück.

Gott, ohne Wasser könnten wir nicht leben,
und alle Tiere und Pflanzen um uns herum auch nicht.
Wir trinken es, wir waschen uns damit,
unser Körper besteht sogar zu einem großen Teil aus Wasser.
Wir danken Dir für das Wasser und bitten Dich:
Lass uns sorgsam damit umgehen und nichts verschwenden.
Viel zu viele Menschen auf der Welt haben gar kein oder kein
sauberes Wasser.
Lass uns darauf achten, dass Bäche, Flüsse und das Meer nicht
verschmutzt werden –
und wo es doch geschieht, da gib uns den Mut, zu protestieren.
Jede/jeder von uns kann etwas tun.

Gott, mit Wasser haben wir großen Spaß.
Wir schwimmen und toben darin, spritzen uns nass und springen
in Pfützen.
Wir können kleine Schiffchen oder Flöße bauen
und sie darin schwimmen lassen wie heute.
Hab Dank für alle Freude, die Du uns im Leben schenkst.
Lass uns diese Freude an Menschen weitergeben,
die traurig sind und niemanden haben, der mit ihnen spielt oder
spricht.

Gott, wir sind Tropfen im Fluss des Lebens,
als Einzelne fast unsichtbar, doch von Dir gekannt und geliebt.
Darum lass uns einander achten, auch wenn wir verschieden
sind.

In Deinem Licht kann jeder eine andere Farbe annehmen,
weil sich in uns Dein Segenszeichen des Regenbogens spiegelt.
So sind wir in Dir verbunden.

Vaterunser

Segen

Lied: Herr, wir bitten, komm und segne uns (EG 607, Regionalteil
RWL)
Wir singen nach der Melodie von EG 607, Regionalteil RWL, die
folgenden Liedstrophen. Den Kehrvers übernehmen wir aus dem
Gesangbuch

1. Mitten in der Zeit machst Du uns bereit,
Deine Schöpfung zu bewahren.
Wenn wir weitergehn, hilf uns weitersehn,
lass uns Deine Boten sein.

Kehrvers aus EG 607, Regionalteil RWL

2. Mitten in die Welt hast Du uns gestellt,
Dein Recht allen anzusagen.
Wenn wir weitergehn, hilf uns weitersehn,
lass uns Deine Boten sein.

Kehrvers aus EG 607, Regionalteil RWL

3. Mitten in der Zeit machst Du uns bereit,
Deinem Frieden zu vertrauen.
Wenn wir weitergehn, hilf uns weitersehn,
lass uns Deine Boten sein.

Kehrvers aus EG 607, Regionalteil RWL

4. Und Dein guter Geist, der uns Kraft verheißt,
öffnet neue Horizonte.
Wenn wir weitergehn, hilf uns weitersehn,
lass uns Deine Boten sein.

Kehrvers aus EG 607, Regionalteil RWL

Text der Strophen 1 bis 4: © Günter Ruddat, aus: Ökumenischer Kirchentag Berlin 2003
(Hg.): gemeinsam unterwegs. Lieder und Texte zur Ökumene, Stuttgart 2003, Nr. 151.

Ablauf des Konfirmationsgottesdienstes

Musik zum Eingang – Einzug der Konfirmandinnen und Konfirmanden

Begrüßung und Abkündigungen

Lied: Danke für diesen guten Morgen (EG 334,1-6)

Eingangswort und Psalmgebet im Wechsel (Psalm 23, EG 710
RWL)

Gesang: Ehr sei dem Vater ...

Gebet

> Herr, unser Gott,
> in Deinem Haus haben wir Zeit, über uns und unsere Lebens-
> wege nachzudenken.
> Wir sind keine Kinder mehr, wir sind Jugendliche gewor-
> den,

der Fluss des Lebens hat sich neue Wege gesucht.
Im Alltag fällt es uns oft schwer, Deiner Zusage zu trauen:
Du gehst mit uns durchs Leben und willst uns stärken und ermutigen.

Wenn uns Dein Segen zugesprochen wird, dann lass auch gewiss werden:
unsere Lebenswege mögen manchmal verworren sein,
aber so wie alle Flüsse sich dem Meer zuwenden,
so sind unsere Lebensflüsse ein Weg zu Dir.
Das lass uns spüren und Dir unser Leben anvertrauen.
Amen.

Gospelchor »May the Lord send angels«

Lesung aus der Bibel

Lied: Wir haben Gottes Spuren festgestellt (EG 648,1–3 RWL)

Lesung aus der Bibel

Gospelchor »I will follow him«

Apostolisches Glaubensbekenntnis

Lied: Ich lobe meinen Gott, der aus der Tiefe mich holt (ML 1, B 102)

Konfirmationspredigt

Lied: Wie ein Tropfen auf dem heißen Stein (ML 1, B 66)

Konfirmationsbefragung und Glaubensbekenntnis der Konfirmandinnen und Konfirmanden

Wir glauben an Gott, er ist der eine Gott, Schöpfer der Welt und heilende Kraft.

Wir vertrauen auf seine Güte und, dass er die Menschen liebt.

Das ist die Ordnung, die Gott für die Welt will: vor ihm sind alle Menschen gleich! Deshalb glauben wir nicht an das Recht des Stärkeren, an die Stärke der Waffen und die Macht der Unterdrücker. Wir sollten als Gemeinschaft vielmehr in schweren Zeiten zusammenhalten.

Wir glauben, dass Gott uns in jeder Notlage so viel Widerstandskraft geben will, wie wir brauchen, er lässt uns nicht allein.

Wir glauben an Jesus Christus, geboren von Maria, gelitten unter Pontius Pilatus, gekreuzigt, gestorben und begraben.

Wir glauben an den Heiligen Geist und die christliche Kirche.

Wir sind in dieser Gemeinschaft und glauben an die Hoffnung, den Frieden, der erreichbar ist, und dass ein Schutzengel uns begleitet. Dennoch haben wir unser Leben selbst in der Hand und wissen, wir können unser Schicksal ändern. Dazu vertrauen wir auf die Liebe, auch auf die auf den ersten Blick, und an die Vergebung der Sünden.

Wir glauben nicht, dass der Tod das Ende ist und fürchten uns vor keinem Fegefeuer. Vielmehr vertrauen wir darauf, dass unsere Seelen nach dem Tod in den Himmel kommen.

Wir hoffen es und wissen, dass die Schule nicht alles Wissen im Leben sein wird.

Amen.

Ermutigung und Segnung

Gospelchor »O happy day«

Grußwort an die Konfirmierten
Zuspruch der Konfirmationsrechte

Lied: Komm, sag es allen weiter (EG 225,1-3)

Abendmahl (Konfirmierte teilen aus)

Gospelchor »Go now in peace«

Fürbittengebet und Segen

Lied zum Auszug der Konfirmierten: The River is flowing (siehe
S. 107)

Konfirmationspredigt
»Wir sind Tropfen im Fluss des Lebens«

Liebe Festgemeinde! Liebe Konfis!

So manchem in der Gemeinde ist euer Vorstellungsgottesdienst noch in guter Erinnerung, ich hoffe, euch auch.
Die Älteren erinnern sich gern daran, weil ihr für eure Konfirmation ein Thema gewählt habt, dem sie viel abgewinnen
können, weil sie eine große Lebenserfahrung haben.
Den Fluss des Lebens bedenkt und überblickt ein Mensch
anders, wenn er erst mal 40 oder 50 oder gar 70 Jahre alt
geworden ist. Im Rückblick lassen sich den Stromschnellen,
den Altarmen, den Wasserfällen, den Zeiten mit starkem
Niedrigwasser Namen oder Ereignisse zuordnen.
Ihr selbst seid, und das hoffe ich für euch alle, noch ziemlich am Anfang eures Lebensflusses. Kein kleiner Quellbach

mehr, aber noch sehr in der Sturm und Drangzeit eines
Flüssleins, das bald hierhin, bald dorthin schnell dahinfließt,
mit zahlreichen Stromschnellen. Und manchmal auch nur ein
Rinnsal. Wie das eben so ist in Jugendzeiten, wenn manches
ausprobiert und die eigenen Kräfte entdeckt werden wollen,
es aber auch öde und langweilige Tage gibt.

Der heutige Tag ist ein besonderer in eurem Leben, weil er
den Übergang in eine neue Zeit markiert. Gut so, denn mit
der Konfirmation werden euch heute alle kirchlichen Rechte
zugesprochen. Ihr seid keine Kinder mehr, auch wenn sich
das nicht an einem Tag festmachen lässt. Euer Lebensfluss
wird eindeutiger in der Richtung. In guten Zeiten vermögt
ihr vielleicht schon ein Boot zu tragen, d.h. Verantwortung
zu übernehmen und Aufgaben zu erfüllen.

An diesem Tag möchte ich auch denen danken, die neben den
Eltern Verantwortung für euch übernommen haben, als euer
Lebensflüsslein entsprang, nämlich den Patinnen und Paten.
Ihre damals zugesagte Aufgabe ist heute erfüllt, was nicht
heißen soll, dass dort, wo aus der Patenschaft eine gute Be-
ziehung erwachsen ist, diese nun beendet sein soll. Ihr Jugendlichen braucht noch öfter in eurem Leben einen Rat
oder ein klärendes Wort.

Wir sind Tropfen im Fluss des Lebens. Ein reizvolles Konfirmationsthema mit Tiefgang und Reife. Es stammt nicht von
mir, denn ihr habt es vorgeschlagen und mehrheitlich abgestimmt. Und doch habt ihr insgeheim mein Lieblingsthema
von der langen Vorschlagsliste gewählt.

Vielleicht spielten die Erfahrungen vom Tauftag eine Rolle.
Vieles, was ihr vorgeschlagen hattet, ging in diese Richtung,
aber das passt auch gut. Mit der Konfirmation sagt ihr Ja
zu eurer Taufe. Und im Urelement des Wassers bedenken
wir, was unserem Leben Grundlage gibt: Das Wasser als
Hinweis auf Gottes Schöpfermacht.

Vielleicht war es aber doch ein Sturm- und Drangimpuls, der

euch dieses Thema hat wählen lassen, nach dem Motto:
»Wasser findet immer seinen Weg!«

Bisweilen haben Hochwasser unseren Glauben an die Be-
herrschbarkeit dieses Elements auf die nötige Bescheidenheit
zurückgestutzt. Aber auch ganz fein und sickernd kann sich
Wasser eine Bahn schaffen. Nehmt es doch ruhig als Zeichen
der Ermutigung, dass ihr euren Lebensweg schon finden werdet, auch wenn es manchmal Hindernisse und Schicksals-
schläge gibt, die unüberwindbar scheinen.

Das Wasser findet immer einen Weg, es bekommt die stärks-
ten Felsen klein, auch wenn es dauert. »Steter Tropfen höhlt
den Stein« ist die sprichwörtliche Erkenntnis.

Viele von euch haben Konfirmationssprüche gewählt, die eine
ähnliche Ermutigung zum Inhalt haben: »Niemals werde ich
dir meine Hilfe entziehen, nie dich im Stich lassen« oder
»Lass dich durch nichts erschrecken und verliere nie den
Mut« oder »Christus spricht: Ich bin bei euch, alle Tage bis
an der Welt Ende«.

Bedenken wir am heutigen Tag euer Thema »Wir sind Tropfen im Fluss des Lebens« intensiver, so fällt mir daran auf:

1. Es steckt eine für Jugendliche ungewöhnliche Bescheidenheit darin. Die blauen Ballons, mit denen ihr euch als Tropfen
vorgestellt habt, waren zwar groß, damit man sie gut sehen
konnte (so wie auf dem Bild des Gottesdienstprogrammes),
aber sie waren dennoch Tropfen.

Es kann gut sein, dass einigen von euch die Bescheidenheit
gar nicht so aufgegangen ist.

Tropfen sein heißt: Ich bin wichtig, aber ich kann nicht alles
allein. Ich brauche die anderen. Nur gemeinsam werden wir
Fluss und nur gemeinsam sind wir stark. Wer sich nur auf
sich allein verlässt, selbst seines Glückes Schmied sein will,
ist nur allzu leicht der »Tropfen auf dem heißen Stein«.

Nichts mangelt unserer Gesellschaft mehr als Gemeinsinn und Solidarität. Die solidarischen Systeme, der Ausgleich zwischen den Generationen, all das befindet sich in einem großen Umwälzungsprozess aus Gründen, die ich hier nicht im Detail darlegen muss. Die Lösung aber wird auf Dauer nicht heißen: »Sieh zu, wie du alleine klarkommst!« Eure Konfirmandengruppe ist dabei alles andere als die Keimzelle einer neuen Zeit. Ihr seid genauso wie alle anderen, aber euer Konfirmationsthema könnte euch Aufgabe werden: »Ich suche in meinem Leben nach dem, was verbindet!« Gerade heute besteht eine gute Gelegenheit dazu. Meist sind die Familien über die Generationen hinweg zu eurem Festtag zusammengekommen, Großeltern oder vielleicht sogar Urgroßeltern sind dabei. Die waren auch einmal jung. Ihr Lebensfluss lief auch einmal über Stromschnellen, in wilden Jugendjahren. Doch später, als der Fluss breiter wurde, aber auch langsamer floss, da war Zeit, so manches auf den Grund fallen zu lassen an Lebensgeröll, an Trübungen, eben was ein groß gewordener Fluss halt alles so mit sich führt. Sich dem Meer entgegen bewegen, darin aufgehen, ohne sich zu verlieren, wird dann mehr zum Thema. Heute gibt es eine Gelegenheit, die nicht so oft im Leben wiederkehrt. Das merkt man erst, wenn man älter wird: »Du, erzähl doch mal, wie es früher war!«, könnte sie heißen.

Sollten Sie dann wirklich gefragt werden, liebe Eltern, Großeltern und Urgroßeltern, dann seien Sie ehrlich. Erinnern Sie sich, wie es wirklich war, und erzählen Sie davon. Verklären Sie nicht die gute alte Zeit, in der alles besser war. Das hab ich als Jugendlicher auch nicht hören wollen. Aber viele von Ihnen haben etwas weiterzugeben an Lebenserfahrungen, von dem, was getragen und Kraft gegeben hat. Da bin ich sicher!

2. »Wir sind Tropfen im Fluss des Lebens«, bei diesem Thema geht es nicht nur darum, den eigenen Lebensfluss, den eigenen Tropfen zu bedenken, sondern sich auch eingebunden zu wissen in den Zyklus des Lebens überhaupt.

Ihr Konfis habt das in mehreren Bildern wie in einem Schaubild deutlich gemacht. Wasser bewegt sich in einem Kreislauf. Es verdampft durch die Kraft der Sonne über dem Meer, wird als Wolken aufs Land getrieben, regnet sich ab und versickert, kommt als Quelle zum Vorschein und strebt als wachsender Fluss wieder dem Meer zu.

Für mich ist das eine sehr treffende Deutung des Lebens überhaupt. Unsere Lebenszeit ist die von der Quelle bis zur Mündung. Mit der Einmündung ins Meer gehen zwar die Wasser nicht verloren, aber der Fluss wandelt sich, wird Salzwasser. Das Meer in diesem Sinne ist Bild für die Ewigkeit und ein anderes Leben bei Gott, auf das ich mich zu bewege.

Ich bin Teil eines großen Kreislaufs der Lebendigkeit. Mag sein, dass es auf anderen Planeten in der Weite des Alls auch irgendwo Leben gibt. Für mich ist dieser Kreislauf des Lebens etwas Wunderbares, über das ich nur umso mehr staunen kann, je älter ich werde. Welche Vielfalt darin liegt! Wenn ich sehe, wie an kargen Felsen durch ein wenig Nebel oder Wolken in Flechten und Moosen das Leben neu entsteht wie am Anfang der Schöpfung. Die Üppigkeit einer saftigen Wiese an einem Bachlauf lässt mich immer wieder staunen. Am Meer sitzen und im Blick auf den Horizont Zeit und Ewigkeit bedenken, und mich freuen dabei, dass ich Teil des Ganzen bin.

Vielleicht Erwachsenenromantik, die ihr im Moment belächeln mögt. Es wird Zeiten geben, in denen euch genau solche Gedanken kommen – hoffentlich.

3. Nicht alle Flüsse aber münden ins Meer. Insbesondere der eine Fluss, von dem die Bibel so oft spricht, mündet nicht ins Meer. Jedenfalls nicht ins offene Meer. Ich meine den Jordan. In seinem Wasser wurde Jesus getauft. Von seinen Wassern profitiert Israel noch heute und bewässert Felder und Hügel. Am Ende aber ergießt sich der Jordan in die Wüste, oder besser in eine tief gelegene Wüstensenke, das »Tote Meer«. Ohne Verbindung zu den Ozeanen. Nachdem, was ich eben gesagt habe, könnte er Sinnbild der Hoffnungslosigkeit sein. Aber im arabischen Kulturraum wird eine Geschichte als Ermutigung zum Leben erzählt, mit der ich schließen möchte. Geschichten lassen sich leichter erinnern als Argumente.

Ein Fluss floss von seinem Ursprung in fernen Gebirgen durch sehr verschiedene Landschaften und erreichte schließlich die Sandwüste. Genauso, wie er alle Hindernisse bis dahin überwunden hatte, versuchte er nun die Wüste zu durchqueren. Doch er merkte, so schnell seine Wasser auch fließen mochten – sie versickerten im Wüstensand.
Er war jedoch überzeugt, dass es seine Bestimmung war, die Wüste zu überqueren, auch wenn es keinen Weg gab.
Da hörte er eine leise Stimme: »Der Wind durchquert die Wüste, der Fluss kann es auch.« Trotzig erwiderte der Fluss: »Der Wind kann fliegen und die Wüste überqueren, ich aber werfe meine Wasser gegen die Wüste und werde nur aufgesogen.«
»Wenn du dich auf gewohnte Weise voranbewegst, wird es dir nicht möglich sein, die Wüste zu überqueren«, sagte die Stimme. »Du wirst verschwinden oder ein Sumpf. Du musst dich tragen lassen!«
Diese Vorstellung war für den Fluss unannehmbar. Er, der starke Fluss, hatte bisher alle Hindernisse selbst überwunden. Außerdem, wie sollte das gehen, sich vom Wind tragen lassen?

»Du musst dich aufnehmen und tragen lassen!«, sagte die Stimme. »Aber ich will so bleiben, wie ich bin«, sagte der Fluss. »Wenn man sich einmal verliert, wie soll man da wissen, ob man sich je wiedergewinnt.«

»Du kannst nicht bleiben, wie du bist. Bleibst du, wirst du bestenfalls ein Sumpf, und auch das ist kein Fluss, und es würde Jahre dauern. Was wahrhaft wesentlich ist an dir, wird der Wind aufnehmen und dich über die Wüste tragen. Und auf der anderen Seite wird er dich aus seinen Armen entlassen und aus dem Regen wird wieder ein Fluss.«

Noch sträubte sich der Fluss, aber ihm war klar, dass die Stimme Recht hatte. Und ihm war, als hörte er eine Stimme aus fernen Zeiten. Hatte der Wind ihn nicht schon einmal auf seinen Schwingen getragen? Und während er noch sinnierte, ließ er seinen Dunst aufsteigen und der Wind trug ihn auf die andere Seite der Wüste. Am Rand des Gebirges ließ er ihn wieder sanft herniederfallen. Nun aber merkte sich der Fluss diese Erfahrung und bewahrte sie. »Was wesentlich ist an mir, wird getragen werden!«

Arabische Weise haben dieser Geschichte angefügt: »Der Weg, den der Strom des Lebens auf seiner Reise einschlagen muss, ist in den Sand geschrieben.«

Was wesentlich ist an uns, wird fortgetragen werden. Der Wind ist ein altes Bild in der Bibel für den Geist Gottes. »Ruach« – »Hauch des Lebens«.

Dass ihr über so manche Wüstenzeiten eures Lebens getragen werdet, das wünsche ich euch. Auch die letzte große Wüste – die des Todes – wird aus solchen Erfahrungen heraus ihre Schrecken verlieren.

So, wie ihr einwilligen müsst, getragen zu werden, könnt ihr, solange ihr kraftvoll seid, auch andere tragen helfen, denen

es schlechter geht – und darin das Leben loben und seinen
Schöpfer preisen.
Amen.

Möglichkeiten der Weiterarbeit/Variationen

Beide Gottesdienste waren sehr ansprechend, vom Thema und
der Durchführung her. Eine reizvolle Variante wäre, den Vorstellungsgottesdienst wirklich auf einer Wiese am Flussufer abzuhal-
ten. Für eine Konfirmation ist das sicher nicht möglich, aber so
könnte der Vorstellungsgottesdienst z. B. in eine Flusserkundung
mit Rahmenprogramm, Picknick, Gemeindenachmittag usw. eingebunden werden.
Auch die Form der Vorbereitung könnte hier Alternativen erfahren.
Als Rahmenprogramm eignen sich Touren auf dem Wasser mit
Kanadiern oder Kajaks. Von diesen Booten aus können auch die
Flößchen ins Wasser gelassen werden, damit sie von der Strom-
mitte aus starten. Es könnte auch eine Expedition am Flussufer
erfolgen. Grundschulen oder die Umweltämter halten hier be-
währte Übungen (Wasseruntersuchungen, Artenvielfalt beobachten …) vor, die sich leicht abrufen lassen. Ein solches Projekt kann
sehr einfach in einen Schöpfungstag integriert werden oder in
Zusammenarbeit mit einem Schulprojekt entstehen.

»Komm, wir bauen eine Brücke«

Ideensammlung

Brücken gibt es in ganz verschiedenen Formen und Größen. Sie verbinden zwei Ufer, überspannen Täler und Abgründe und kürzen dadurch Wege ab. Manchmal ermöglichen sie sogar erst einen Weg. Sie können aus ganz verschiedenen Materialien bestehen, sind hängend oder stehend oder als Drehbrücke gebaut. Sie tragen Menschen ebenso wie Autos, LKWs, Züge, ja selbst Schiffe. Brücken gibt es auch zwischen Menschen. Ein Lächeln kann eine Brücke sein, wenn damit Kontakt aufgenommen wird. Manchmal ist diese Brücke auch ein Lied, ein Blick oder sie wird von Dritten gebaut, wenn zwei sich nicht verstehen können oder wollen. Dann spricht man von Brücken der Verständigung. Bringt jemand einem anderen Menschen viel Wohlwollen entgegen, baut man ihm goldene Brücken. Die Reihe der Assoziationen lässt sich fast beliebig verlängern, auch Luftbrücken, Zahnbrücken etc. wurden von den Konfis nach einiger Zeit genannt.
Und wie ist es mit einer Brücke zwischen Gott und Mensch, zwischen Raum und Zeit, zwischen Generation und Generation, Völkern verschiedener Rassen ...?
Es steckt einiges darin in diesem Themenvorschlag!
Wesentlich an diesem Thema war immer das Stichwort »Verbindung – Verständigung«. Dafür stand die Brücke als Symbol. Zum Jahrgang gehörten fünf behinderte Jugendliche, von denen drei auch gehbehindert waren. Sie konnten sich entweder nur mit ei-

Foto: © Joachim Knitter

ner Hilfsperson oder einem Rollator/Rollstuhl bewegen. Als die
Gruppe dann noch beschloss: »Wir wollen nicht nur die Brücke
als Bild, sondern eine Konfi-Brücke, die wirklich begehbar ist!«,
bedeutete dies eine enorme Herausforderung, weil die Statik in
Konstruktion und Belastbarkeit stimmen musste. Außerdem
macht ein Raum (Kirche oder Saal) ja auch bereits Vorgaben be-
züglich der darin zu bauenden Brücke. Und nicht zuletzt müssen
auch die Kosten in einem vertretbaren Rahmen bleiben. All dies
ist gelungen und wird nachfolgend dokumentiert.

Eine Recherche in Konkordanzen (www.bibelserver.com) ergab,
dass sich das Wort »Brücke« weder im Alten noch im Neuen Testament findet, obwohl bereits in der Antike Brückenkonstrukti-
onen (Viadukte/Aquädukte) bekannt waren. Also konnte nicht
unmittelbar auf einen »einschlägigen« Bibeltext zurückgegriffen
werden, sondern es musste nach Entsprechungen gesucht werden.
Sie wurden einerseits im Regenbogen, andererseits in der von
Jakob geträumten Himmelsleiter als Verbindung zwischen Himmel und Erde gefunden.
Nach dem Vorstellungslied der Konfirmandinnen und Konfirmanden hingegen musste nicht lange gesucht werden: »Herr, gib
mir Mut zum Brückenbauen« ist prädestiniert dafür.

Zum Brainstorming gehörte der Vorschlag einer Konfirmandin,
für die Verbindung von Mensch zu Mensch essbare Brücken an-
zufertigen, an Kleingruppen zu verteilen und damit im Gottesdienst einen »Brückenschlag« anzuregen und erlebbar zu machen.

Tipps und Arbeitsanleitungen

Bau der Brücke (Teilgruppe/alle)

Für den Bau der Brücke war es unbedingt nötig, eine ausreichende Breite und hinreichende Stabilität – es darf nicht zu einem Schwanken der Brücke kommen – zu erreichen, damit auch die drei gehbehinderten Jugendlichen möglichst eigenständig die Brücke passieren konnten. Einem günstigen Umstand ist es zu verdanken, dass durch eine Baustelle in der Nachbarschaft hinreichend stabile Paletten zur Verfügung standen.

Wir sind in der Gruppe übereingekommen, dass jede und jeder ihren/seinen Namen auf ein Brett dieser Palette malt. Es mussten also Paletten mit Querbrettern in der Zahl der Konfirmanden vorhanden sein und eingeplant werden. Daraus ergab sich auch die notwendige Länge der Brücke, immerhin sechs Meter. Es wurde die Optik einer Hängebrücke mit Mittelpfeiler gewählt. Der vordere Mittelpfeiler bekam oben zusätzlich ein Querholz, so dass er im Topp ein Kreuz führen konnte.

Damit eine solche »Hängebrücke« stabil ist und nicht schwingt, liegen die Paletten auf Vierkanthölzern als Querholme. Ankerpunkte für die Querholme sind der stabile Mittelträger, an dem sie mit Balkenwinkeln angeschraubt sind. Den linken und rechten Brückenkopf haben wir aus zwei Bühnenelementen gebaut, auf denen die Querholme ebenfalls durch Balkenwinkel aufliegen und verschraubt sind.

Unsere Bühnenelemente standen in Normhöhe 40 cm auf Standardfüßen, in gleicher Höhe müssen auch die Winkel am Mittelpfeiler angeschlagen werden. Die Rutschfestigkeit der Standardfüße verhinderte jegliche Schwingbewegung. Stehen keine Bühnenelemente zur Verfügung und können auch nicht ausgeliehen werden (etwa von der Nachbargemeinde, einer Schule, dem Kulturamt, einem Konzertveranstalter), so müssen vergleichbare

Podeste zusätzlich gebaut werden. Wenn es unter den Konfirmandeneltern einen Schreiner gibt, kann er sicherlich beim Zuschnitt
und der Anfertigung mit Rat und Tat zur Seite stehen. Außerdem
steht dadurch gleich ein professioneller Maschinenpark zur Verfügung.

Unsere Brücke konnte auch mit den Rollatoren der behinderten
Jugendlichen sicher und eigenständig überquert werden, auch
wenn dies durch die Abstände der Latten eine »rumpelnde Über-
querung« wurde. Eine Sicherungsperson sollte aber immer für
den Notfall bereit stehen.

Im Einzelnen sind für die Erstellung der Brücke folgende Arbeiten notwendig. Einige können von den Konfis erledigt werden,
die Verschraubung der Konstruktion begleitete unser Küster. Das
können natürlich auch Konfirmandenväter übernehmen.

1. Die Paletten sind sägerau. Damit sie bemalt werden können,
   muss mindestens die Oberseite der Querbretter geschliffen
   werden. Dies haben Konfis, die bei ihren Vätern im Hobby-
   raum oder in der Werkstatt auch schon einmal Hand anlegen
   durften, mit Schleifmaschinen erledigt. Benötigt werden neben
   den Paletten 1–2 Werkbänke zum Einspannen und 1–2 Schleifmaschinen (Exzenter sind am besten geeignet). Geschliffen
   wurde zuerst mit 40er-Körnung dann mit 80er. Für die Bemalung ist kein weiterer Feinschliff nötig.
2. Die Querbretter der Paletten sollten zur Sicherheit auf jeder
   Seite mit 2 Spax-Schrauben zusätzlich zur Industrievernage-
   lung befestigt werden. Wir haben Spax der Stärke 5 x 60 mm
   verwendet, für die nicht vorgebohrt werden musste. Es sollten
   2–3 Akku-Schrauber zur Verfügung stehen. Bitte auf ausreichend Kreuzschlitz-Bits achten. Die Konfis sind in der Regel
   nicht in der Lage, mit hohem Anpressdruck zu arbeiten. Also
   schlagen die Bits schneller aus.
3. Jeder Konfirmand bzw. jede Konfirmandin bemalt ein Quer-
   brett einer Palette mit dem eigenen Namen in Schriftform und

-farbe der eigenen Wahl. Dies kann fortlaufend nach Fort-
schritt des Schleifarbeitsganges geschehen.

4. Der Mittelpfosten sollte von Erwachsenen gebaut werden. Dazu
werden 2 senkrechte Kanthölzer der Stärke 10 x 10 cm senkrecht auf eine Span- oder USB-Platte in der Breite der Paletten
von unten mit langen Spax-Schrauben (6 x 80 mm) geschraubt.
Im Kopfholz ist kein Vorbohren nötig. Die Kanthölzer werden
nach links und rechts mit zwei Stützen (45 Grad-Winkel) stabilisiert. Die Verschraubung erfolgt durch die Bodenplatte mit
6 x 50 mm Spax bzw. in den Mittelpfosten mit 6 x 80 mm Spax
(hier sollte vorgebohrt werden, damit das Holz nicht aufge-
sprengt wird und reißt). Die beiden Mittelpfosten werden in
der Breite der Paletten (in unserem Fall 75 cm) mit einem Quer-
holm (Kantholz 10 x 10 cm) in Höhe der Bühnenelemente und
in ca. 2,50 m Höhe miteinander verbunden und so stabilisiert.
Dazu empfiehlt sich, mit einer 12 mm Bohrstange ca. 4 cm tief
vorzubohren und dann mit 6 x 100 mm Spax die Verschraubung vorzunehmen. Schraubzwingen pressen während der
Verschraubung beide Mittelpfosten und die Querholme fest
aneinander. An beiden Mittelpfosten werden in Höhe der Bühnenelemente (bis zu 10 cm Balkenstärke) Balkenwinkel entweder mit Spax oder einer durchgehenden Verschraubung
(Schloss- oder Maschinenschrauben M 10 x 120 mm) angebracht. Am Mittelpfosten liegen die langen Holme für die Brücke also auf den Winkeln auf. Damit die Bühnenelemente nicht
beschädigt werden, sind die Winkel auf der anderen Seite der
Holme auf dem Kopfende mit Spax befestigt und liegen später
auf den Bühnenelementen auf, sie können dort mit leichten
Schrauben vor dem Verrutschen gesichert werden. Die nachfolgende Skizze veranschaulicht den Bau.

5. Zum Vorstellungsgottesdienst besteht die Brücke also aus dem
Mittelelement, den beiden Bühnenelementen als Brückenköpfe
und den Längsholmen, die auf Mittelpfosten und Bühnenelementen aufliegen. Dieser »Steg« sollte aber die Optik einer Hän-

Skizze:
© Joachim Knitter

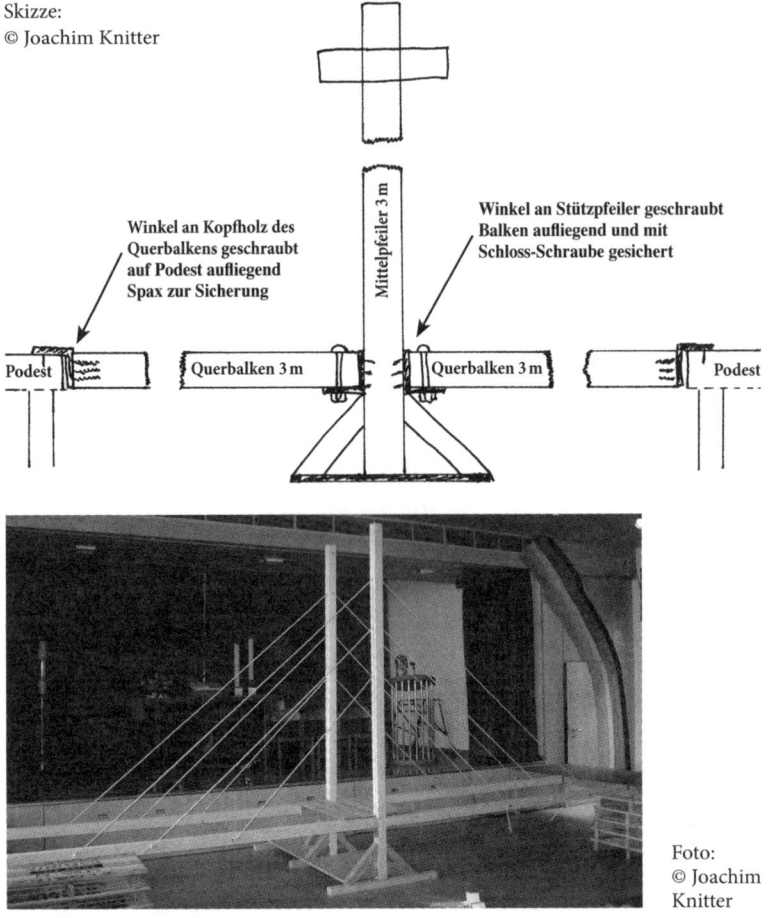

Winkel an Kopfholz des
Querbalkens geschraubt
auf Podest aufliegend
Spax zur Sicherung

Mittelpfeiler 3 m

Winkel an Stützpfeiler geschraubt
Balken aufliegend und mit
Schloss-Schraube gesichert

Podest   Querbalken 3 m   Querbalken 3 m   Podest

Foto:
© Joachim
Knitter

gebrücke bekommen. Dazu wurden die Mittelpfosten vorne und
hinten in 160 cm, 210 cm und 260 cm mit einem Bohrer der
Stärke von 8 mm durchbohrt, Kokosseile der Stärke 8 mm wurden durchgezogen und diese in entsprechenden Abständen
(160 cm/210 cm/260 cm) an den Längsholmen mit einer dicken
Unterlegscheibe und einer Spax-Schraube befestigt.
Die Paletten mit den Namen werden erst zur Vorstellung in
Kleingruppen nach und nach eingelegt. (Das sollte vorher aber
unbedingt geprobt werden, damit alles passt!!)

Regenbogen bauen (Teilgruppe)

Ihr habt sechs verschiedene Farben des Regenbogens als Krepppapier. Schneidet jede Farbe in ca. 10 cm breite Streifen. Infor-
miert euch über die Farbabfolge des Regenbogens und gestaltet
dann links und rechts der Bühne/des Altarraumes den aufstei-
genden Regenbogen (der Bogen setzt sich im »Unsichtbaren« =
Mittelteil fort). Klebt die Streifen als Bogen mit Tesa-Krepp auf
die Wand.
(Material: Krepppapier in rot, blau, gelb, grün, orange und violett,
Tesakrepp, zwei Leitern).

Strickleiter als Himmelsleiter (Teilgruppe)

Dieser Teil kann alternativ oder ergänzend zum Regenbogen gestaltet werden. In unserem Fall gab es von einem anderen Projekt
bereits eine Strickleiter von ca. 25 m Länge. Die Aufgabe bestand
darin, die Strickleiter wie eine Hängebrücke im Gottesdienstraum
aufzuhängen, wobei ein Ende steil zur Decke führte (Himmels-
perspektive) und das andere Ende der Strickleiter in Bögen bis zu
den Stühlen reichte. Wichtig ist hier nur, dass die sichtbare Brücke
der Konfirmanden, die den Gottesdienstraum auf einer Ebene
durchquert, nicht die einzige Dimension einer Brücke ist. Regen-
bogen/Strickleiter = Himmelsleiter stehen für die Dimension zwischen Himmel und Erde bzw. Raum und Zeit.
Eine Strickleiter kann nach Bedarf (z. B. wenn kein Regenbogen
geklebt werden kann) recht einfach gebaut werden. Dazu werden
Vierkantleisten (40 x 40 mm) auf ca. 40 cm abgesägt und an den
Kopfenden mit einem Bohrer der Stärke 10 mm durchbohrt. Dies
sollte möglichst mit einer Holzbohrstange und in einem Bohr-
ständer erfolgen, damit die Löcher sauber gebohrt sind und nicht
reißen. Außerdem werden zwei Seile (Hanf/Kokos/Kunstfaser)
von ca. 20–25 m Länge benötigt. An das eine Ende beider Seile

werden jeweils Knoten gesetzt (»Achtknoten« der Segler sind besonders stabil). Die Seile müssen parallel auf Spannung gehalten werden (durch Konfis oder anbinden an Türen/Wänden). Im Abstand von ca. 35–40 cm wird nun in beiden Seilen ein neuer Knoten gesetzt, ein Kantholz aufgezogen und erst, wenn geprüft ist, ob beide Knoten im gleichen Abstand gesteckt sind, werden sie mit dem Kantholz festgezogen. So entsteht recht schnell eine Strickleiter. Die Seilenden werden entweder an einen Ring geknotet oder miteinander verbunden. Auch hier ist auf Gleichmäßigkeit zu achten.

Eine »essbare« Brücke bauen
(ca. 6–10 Konfis, je nach Küchengröße)

Benötigt werden in ausreichender Zahl Butterkekse, Marzipanrohmasse und Gummibärchen, evtl. Speisefarben. Dabei besteht eine essbare Brücke aus sechs Butterkeksen, 20 g Marzipanrohmasse und zwei bis vier Gummibärchen – diese essbare Brücke reicht für drei bis vier Personen.

Die Herstellung ist recht einfach. Die Basis sind drei Butterkekse, die mit den kurzen Seiten nebeneinander gelegt werden. Kleine Würstchen, die aus Marzipanrohmasse gedreht werden, verbinden nun die Kekse (Kekse in Marzipan drücken). Am besten legt man die Keksbrücken von Anfang an auf Tabletts. Drei weitere Kekse werden nun trapezförmig auf die anderen Kekse geklebt. Wieder ist die Klebemasse Marzipan. An die Endstücke der Butterkeksbrücke drückt man drei bis vier Gummibärchen in die Marzipanrohmasse und lagert die Brücken möglichst kühl.

Begrüßung und thematische Einleitung (Teilgruppe)

Schreibt eine Begrüßung für die Gottesdienstteilnehmer nach dem Muster: »Wir sind die Konfis aus dem Jahrgang. In der Zeit des Unterrichts haben wir gesprochen über ... Heute möchten wir uns der Gemeinde vorstellen. Für unseren Vorstellungsgottesdienst hatten wir viele Ideen ... (Beispiele nennen), aber eine hat uns besonders gut gefallen: »eine Brücke«. Wir sind darauf gekommen, weil ...

Lesungen (2–3 Konfis)

Lest aus dem 1. Buch Mose, Kap. 9, die Geschichte vom Regenbogen und aus Kap. 28 die Geschichte von der Himmelsleiter. Entscheidet, welche biblische Geschichte im Gottesdienst vorkommen soll und wer sie liest. Sucht im Internet oder der Stadtbibliothek nach weiteren Geschichten, die von Brücken handeln. Trefft eine Auswahl und entscheidet, wer liest.

Brückenbilder und Kommentare

Es gibt ganz kleine und sehr berühmte Brücken, die jeder kennt. Sucht Bilder von Brücken und schreibt einen kurzen Text dazu. Wählt 4–5 Bilder aus, notiert, wo ihr sie im Internet oder anderswo gefunden habt. Bereitet eine Präsentation vor, die ungefähr folgenden Aufbau hat:
- Brücken verbinden ...
- Es gibt berühmte Brücken, die jeder kennt ...
- Brücken sind so bedeutend, dass im Krieg ...
- Wenn es keine Brücken gäbe ...

Fürbitten

> Überlegt, wofür richtige Brücken gut sind. Bedenkt auch,
> was Brücken im übertragenen Sinn darstellen (Brücken zwi-
> schen Menschen, in die Zukunft, zu Gott ...). Formuliert fünf
> bis sechs Fürbittensätze für den Gottesdienst. Benutzt dazu
> auch die Ideensammlung von der Themenfindung.

Vorstellungsgottesdienst »Wir sind eine Brücke«

Musik zum Eingang

Begrüßung und Abkündigungen

Lied: Danke für diesen guten Morgen (EG 334,1–6)

Gottesdiensteröffnung und Psalmgebet (nach Psalm 121, ML II,
S. 25)

Ehr sei dem Vater ...

Namentliche Vorstellung der Konfirmandinnen und Konfirmanden
- Je fünf Konfirmandinnen und Konfirmanden kommen nach
  vorne, befestigen ihr Brückenteil, nennen ihren Namen und
  bleiben auf der Bühne oder im Altarraum stehen.
- Lied der Konfirmanden: Herr, gib mir Mut zum Brückenbauen
  (EG 669,1–5, Regionalteil RWL)
- Abgang der Konfirmanden über die Brücke im Wechsel links/
  rechts

Bilder und Gedanken zu Brücken
(Powerpointpräsentation)

Zum Thema Brücke lässt sich recht einfach eine schöne Powerpointpräsentation erstellen. Nachfolgend beschreibe ich die Bilder, die man z. B. im Internet finden (www.google.de unter »Bilder«) oder auch mit eigenen privaten Aufnahmen, z. B. von Reisen,
ergänzen kann.

ERSTE ANSICHT/DARSTELLUNG

Vorstellungsgottesdienst
2009 *(hier Jahrgang variieren)*

*(Das Bild einer großen raumgreifenden Brücke
über einen Fluss einfügen.)*

»Wir sind eine Brücke«

ZWEITE ANSICHT/DARSTELLUNG

Bevor eine Brücke gebaut wird, hat ein Mensch Träume.
Er träumt von der anderen Seite. Er ist ein Mensch mit einer
Sehnsucht nach dem anderen Ufer. Dieser Mensch will
Entdeckungen machen oder er will sich den Weg erleichtern,
den er noch oft gehen muss, weil er weiß, dass es anderswo das
gibt, etwas er so sehnlich braucht. Eine Brücke ist ein Stück
Weg zu einem neuen Leben.

*(Das Bild einer kleinen Brücke aus Steinen über einen Bach
oder ein Flüsschen einfügen.)*

Es gibt große Brücken, kleine Brücken, ganz sichere und
manchmal auch ganz wackelige Brücken. Trotzdem haben alle
etwas gemeinsam. Brücken verbinden die eine Seite mit einer
anderen Seite. Ohne Brücken gäbe es oft kein Hinüberkommen,
weil dazwischen ein unüberwindbares Hindernis liegt.

DRITTE ANSICHT/DARSTELLUNG

Berühmte Brücken

*(Das Bild einer großen berühmten Brücke einfügen,
z. B. die Tower-Bridge.)*

Die Tower-Bridge steht in London.
Sie führt in einer Höhe von 43 m über die Themse.
Die Türme sind 65 m hoch.
Der Bau begann 1886 und endete 1894.
Die Tower-Bridge kann sich für Schiffe öffnen.

VIERTE ANSICHT/DARSTELLUNG

Brücken im Krieg …
Wenn es keine Brücken gäbe …

*(Das Bild einer zerstörten Brücke einfügen, hier eine historische
Aufnahme aus Kriegszeiten wählen)*

Brücken sind besonders wichtig im Krieg.
Sie sind meistens die einzige Verbindung, um die andere Seite
eines Flusses zu erreichen. Es wurden auch schwere Kämpfe
in unserer Nähe um Brücken geführt.
Es handelt sich hierbei um die …-Brücke von …!

Wenn es keine Brücken gäbe, müsste man Umwege machen,
um an sein Ziel zu kommen. Ohne Brücken könnten
sich zwei Menschen nicht begegnen,
wenn sie auf den verschiedenen Seiten wohnen.

FÜNFTE ANSICHT/DARSTELLUNG

»Wir sind eine Brücke«

*(Das Bild eines großen Flusses, der durch hohe Felsen
in seinen Ufern begrenzt wird, wählen.
Auf seinem Wasser gleiten Boote dahin.)*

Einleitung: Auch Schiffe haben und sind Brücken; als Fähren verbinden sie Verkehrswege, Brücke heißt der Kommandostand.

Lied: Ein Schiff, das sich Gemeinde nennt (EG 604,1–3, Regionalteil RWL)

Lesung aus 1 Mose 28 (Jakob träumt die Himmelsleiter)

Lied: Ich möcht', dass einer mit mir geht (EG 209, 1–4)

Geschichte vom alten Brückenbauer

Du hast einen schönen Beruf,
sagte das Kind zum alten Brückenbauer,
es muss schwer sein, Brücken zu bauen.

Wenn man es gelernt hat, ist es leicht, sagte der alte Brückenbauer,
es ist leicht, Brücken aus Beton und Stahl zu bauen.

Die anderen Brücken sind sehr viel schwieriger, sagte er,
die baue ich in meinen Träumen.

Welche anderen Brücken?, fragte das Kind.

Der alte Brückenbauer sah das Kind nachdenklich an.
Er wusste nicht, ob es verstehen würde.
Dann sagte er:
Ich möchte eine Brücke bauen von der Gegenwart in die
Zukunft.
Ich möchte eine Brücke bauen von einem zum anderen Men-
schen,
von der Dunkelheit in das Licht,
von der Traurigkeit zur Freude.
Ich möchte eine Brücke bauen von der Zeit zur Ewigkeit
über alles Vergängliche hinweg.

Das Kind hatte aufmerksam zugehört.
Es hatte nicht alles verstanden, spürte aber,
dass der alte Brückenbauer traurig war.
Weil es ihm eine Freude machen wollte, sagte das Kind:
Ich schenke dir meine Brücke.

Und das Kind malte für den Brückenbauer
einen bunten Regenbogen.

Anne Steinwand
(Quelle unbekannt)

Lied: Entdeck bei mir … (ML I, B 88, 1–4)

Bündelung und Aktion Keksbrücken verteilen

Fürbittengebet

Vaterunser

Lied: Komm, Herr, segne uns (EG 170,1–3)

Segen

Ablauf des Konfirmationsgottesdienstes

Musik zum Eingang/Gospelchor/Posaunenchor

Begrüßung

Eine Brücke steht heute im Mittelpunkt des Konfirmationsgottesdienstes.

Die Konfirmandinnen und Konfirmanden, die heute eingesegnet werden sollen, haben sie gebaut.

Brücken werden auch heute am Tag der Konfirmation geschlagen: Brücken von Mensch zu Mensch;

- Brücken zwischen den Generationen, die heute hier versammelt sind;
- Brücken innerhalb der Familien, die sich sonst vielleicht nicht so oft sehen, weil die Entfernungen der Heimatorte groß sind;
- Brücken durch die Zeiten, die uns verbinden mit den Menschen vergangener Jahrhunderte, die auch den Segen Gottes erbeten und erhalten haben;
- Brücken rund um die Welt, die uns verbinden mit den Christinnen und Christen aller Kontinente.

Jeder Gottesdienst ist auch ein Brückenschlag zwischen Gott und Mensch. Gott kommt uns entgegen. Er reicht uns unsichtbar die Hand. Er will sich finden lassen. Jesus Christus, sein eingeborener Sohn, war sein Brückenschlag in die Welt, die er geschaffen hat.

Nicht nur die Konfis, Sie und ihr alle seid eingeladen, die Brücke zu Gott zu begehen, sich zu erinnern, zu vergewissern und sich heute »mit«- konfirmieren zu lassen. Konfirmieren heißt ja im Wortsinn: »stärken, festmachen im Glauben«.

Hinweis auf den »Aus«-Knopf der Handys, Regelung zum Fotografieren (nach lokaler Tradition)

Lied: Danke für diesen guten Morgen (EG 334,1–6)

Eingangswort und Psalmgebet im Wechsel

Glücklich die Kirche, die nie aufhört, zu fragen,
die nie aufhört, zu suchen.
   Glücklich die Kirche, die sich selbst in Frage stellt,
   die über sich selbst lächeln kann.
Glücklich die Kirche, die Freiheit verbreitet aus ihrem Glauben,
die Freude ausstrahlt aus ihrem Leben.
   Glücklich die Kirche, die den Menschen neue Zuversicht schenkt,
   die den Frieden und die Gerechtigkeit in die Tat umsetzt.
Glücklich die Kirche, die ein Ort der Menschlichkeit ist in einer unmenschlichen Welt; sie könnte selber Modell sein für eine gute Zukunft.
   Glücklich die Menschen dieser Kirche. Sie brauchen

keine Angst zu haben,

von Gott und den Menschen verlassen zu sein.

Nach Psalm 1 von Diethard Zils

Aus: Das Liederbuch – zwischen Himmel & Erde, 2008/3, © tvd-Verlag, Düsseldorf 2006, S. 52.

Gesang: Ehr sei dem Vater und dem Sohn ...

Eingangsgebet zur Konfirmation

Gospelchor »Look at the world«

Lesung aus dem 1. Buch Mose, Kap. 28 (Jakob schaut die Himmelsleiter)

Lied: Da berühren sich Himmel und Erde

2. Wo Menschen sich verschenken, die Liebe bedenken,
und neu beginnen, ganz neu,
da berühren sich Himmel und Erde …

3. Wo Menschen sich verbünden, den Hass überwinden,
und neu beginnen, ganz neu,
da berühren sich Himmel und Erde …

Text: Thomas Laubach, Melodie: Christoph Lehmann
Aus: Gib der Hoffnung ein Gesicht, 1989, © tvd-Verlag, Düsseldorf.

Apostolisches Glaubensbekenntnis

Lied: Wir haben Gottes Spuren festgestellt (EG 648,1–3, Regionalteil RWL)

Konfirmationsansprache/Predigt

Lied: Herr, gib mir Mut zum Brückenbauen (EG 669,1–5, Regionalteil RWL)

*Konfirmationsbefragung und Glaubensbekenntnis
der Konfirmanden*

Wir glauben an Gott.
Er hat uns das Leben geschenkt, für die Freiheit und für die
Liebe.
Er wird jedem zuhören, der zu ihm spricht, und wird helfen.
Er vergibt uns unsere Sünden, wenn wir sie bereuen.
Wir glauben, dass Gott niemals zulässt, dass seine Welt in
Krieg und Hunger erstickt.

Wir glauben an Jesus Christus.
Er wurde für die Liebe und Güte gekreuzigt aus Angst und
Hass.

Er hat sich für die Menschheit geopfert, damit die Sünden
vergeben werden.
Er hat uns Gott ganz nahe gebracht, denn
er gab denen, die Hunger hatten, zu essen,
er gab denen, die unter dem Gesetz litten, die Liebe,
er gibt denen, die verzweifelt sind, neuen Mut.

Wir glauben an Gottes Geist.
Er führt uns zusammen aus allen Völkern, befreit von Schuld
und Sünde
und baut die Brücken für ein Leben in Gerechtigkeit und
Frieden.
Darum glauben wir nicht, dass Kriege unvermeidbar und
Frieden nicht erreichbar ist.

Amen.

Ermutigung und Segnung

Gospelchor »Exultate«

Grußwort an die Konfirmierten und Zuspruch der Konfirmationsrechte

Lied: Ein Schiff, das sich Gemeinde nennt (EG 604, 1–3, Regionalteil RWL)

Abendmahl (Konfirmierte teilen aus – »Brückenschlag« von
Mensch zu Mensch und von Gott zu uns Menschen)

Gospelchor »Let us break bread together«

Fürbittengebet

Lied: Bewahre uns, Gott (EG 171,1+4)

Segen

Gospelchor »Bridge over troubled water«

Auszug der Konfirmierten

Konfirmationspredigt Version I

Liebe Festgemeinde!,
Liebe Konfirmandinnen und Konfirmanden!

Es war gar nicht so einfach, euer Jahrgangssymbol, die Brücke, hier in der Kirche aufzubauen. Zum Vorstellungsgottesdienst im Saal hat sie die Breite des Raumes eingenommen.
Die Kirche ist zwar größer, aber ihr seht, wie eng es hier
vorne geworden ist.
Allerdings, gut zu sehen war beim Eintreten in die Kirche die
Ausrichtung auf das Altarkreuz. Wenn man genau in der Mitte
des Ganges steht, setzt sich der Mittelpfeiler in dem Kreuz
an der Kirchenwand fort. Eine optische Brücke zwischen
eurem Symbol und einem sehr viel älteren. Darum geht es
heute in eurem Konfirmationsgottesdienst: Die Brücke zu
Gott suchen und begehen.

Brücken verbinden, was sonst getrennt bleibt.
Das können Flussufer oder Meeresarme sein,
ein Tal, das überbrückt wird, oder ein Graben um eine Burg.

Die Konstruktionen sind sehr verschieden und dem jeweiligen Zweck und der Umgebung angepasst. In den Osterferien war ich in London und habe mir die Tower-Bridge

angesehen. Die hattet ihr ja als Beispiel für eine berühmte Brücke ausgewählt und im Vorstellungsgottesdienst gezeigt.

Es war spannend, in der Dokumentation über die Tower-Bridge zu lesen und zu sehen, wie viele verschiedene Interessen den Bau beeinflussten. Da war die mächtige Lobby der Reeder, die Händler und die Fischer, die jederzeit den freien Zugang zum Meer haben wollten. Da waren die Verkehrsinteressen: Der Norden Londons sollte mit dem Süden verbunden werden, Tunnel bauen konnte man noch nicht. Da waren die Aristokraten, die um keinen Preis die Skyline des Themse-Ufers verschandelt wissen wollten durch einen Stahlskelettbau. Es hat mich beeindruckt, wie die Ingenieure alle diese Anliegen angehört und in ihren Entwürfen berücksichtigt haben. Sie erfanden eine einzigartige Brücke, die nicht umsonst so berühmt ist. Brückenbauen ist alles andere als einfach.

Das habe ich ja selbst auch im Kleinen gemerkt. Ihr wolltet eine Brücke, die begehbar ist. Aber sie musste auch mit einem Rollator begehbar sein. Keiner durfte einbrechen. Das Ganze sollte in unserer schönen Kirche später aber auch keine Abbruchschäden zur Folge haben und dennoch nach was aussehen. Ich gebe zu, das war bisher mein aufwändigstes Konfi-Projekt. Mir gefällt, was dabei herausgekommen ist – und ich glaube, euch auch.

Die Planken tragen eure Namen: Wir sind eine Brücke.

Seinen Ursprung hatte das Thema darin, dass einige von euch immer von Buisdorf über die Siegbrücke nach Siegburg kommen mussten (diese Stelle bitte entsprechend abwandeln) und doch wie selbstverständlich dazugehörten. Brücken verbinden, was sonst getrennt bleibt.

Manchmal werden sie bewusst zerstört. In Kriegszeiten haben einige Brücken traurige Berühmtheit erlangt: die Brücken von Remagen und Arnheim, die Brücke am Kwai oder die Brücke in Mostar, auf der zwei, die sich liebten, verbluteten, weil Fanatiker Bosnier, Kroaten und Serben in einen blutigen und grausamen Krieg verwickelt haben.

Die Glienicker Brücke fällt mir ein. In Zeiten des Kalten Krieges fanden hier Gefangenenaustausche zwischen den verfeindeten Blöcken statt. Architektonisch ist die Glienicker Brücke total unscheinbar und langweilig, aber in den damaligen Zeiten hatte sie eine hohe symbolische und praktische Bedeutung. Die Älteren erinnern sich vielleicht nur zu gut.

Für alle, die am Vorstellungsgottesdienst nicht teilnehmen konnten, mag das nun genügen, um gedanklich »hinein zu kommen«. Für die anderen ist es ein Stück Vergegenwärtigung.

Heute ist etwas dazugekommen: eine Brücke zwischen Himmel und Erde. Die Strickleiter könnte man waagerecht als Hängebrücke zwischen Menschen sehen.

Eine Leiter zwischen Himmel und Erde. Sie stammt aus dem Alten Testament. Jakob hat von ihr geträumt, als er auf der Flucht vor seinem Bruder und seinem Vater war. Beide hatte er schlimm betrogen. An der Leiter aber sieht er im Traum Engel auf und niedersteigen, die seine Stirn anrühren und ihn segnen. Gott steht zu ihm und beschützt ihn, trotz alledem. Ja, mehr noch: Jakob wird Träger seiner Verheißung, seine Kinder sind später die Stammväter des Volkes Israel. »In ihnen sollen gesegnet sein alle Menschen der Erde.«

Das zieht sich durch die Generationen bis heute. Auch ihr sollt heute gesegnet werden, Gottes Beistand auf den Kopf zugesprochen bekommen. Nicht, dass alles leicht wird in eurem Leben, wie sich das viele von euch wünschen, sondern dass ihr nie alleine seid und genügend Kraft habt, auch Herausforderungen zu meistern.

Auch diese Brücke zwischen Himmel und Erde ist begehbar. Das wird heute im Gottesdienst kaum jemand ausprobieren und sich hinaufhangeln, aber ich garantiere euch: Die hält

mehr als 150 kg aus. Doch genauso sicher ist: Es wäre eine
schaukelige Angelegenheit, stiege man wirklich hinauf. Das
geht kaum ohne dieses besondere Gefühl im Bauch ...
Ist das mit dem Glauben nicht auch so wie mit dieser schau-
keligen Leiter? Kann ich auf diese Brücke zwischen Himmel
und Erde vertrauen? Sie scheint so unsicher und schwankt.
Ob sie hält, beweist mir niemand. Es kostet Mut, es auszuprobieren, aber es könnte auch locken. Was wohl am anderen Ende der Brücke/der Leiter zu finden ist?
Ihr habt den Planken eurer Konfi-Brücke Namen gegeben.
Welche Namen könnte die Himmelsleiter auf ihren Sprossen
tragen? Sie ist ja wie ein Weg, ein Weg zu Gott.
Wo endet dieser Weg? Sicher nicht an der Decke unserer
Kirche, obwohl die symbolisch für den Himmel steht. Und
haben wir ein Ziel für diesen Weg?

Hoffnung könnte auf einer der Sprossen stehen,
oder Gerechtigkeit,
oder Barmherzigkeit,
oder Freiheit
oder Mut,
Geborgenheit,
keine Angst mehr haben müssen,
Sehnsucht,
...

Es sind viele Sprossen. Ich bin gewiss, für jede würde sich
ein Name finden. Sie sind geprägt in den Generationen, die
ihre Erfahrungen mit Gott in der Bibel aufgeschrieben haben
und sie sind in uns, in unseren Lebenserfahrungen und Le-
bensängsten. In unseren Triumphen wie in unserem Scheitern.
Welcher Name für eine Sprosse wäre mir am wichtigsten?
Auf jede Sprosse könnte man auch einen eurer Konfirman-

densprüche schreiben. 26 Konfirmandensprüche stehen dafür.
Jeder eurer Sprüche ist einzigartig und steht doch auch in
einer langen Generationenfolge. Menschen haben sich immer
wieder auf diese alten Brücken zu Gott eingelassen und darin ihren eigenen Lebensweg gesucht und hoffentlich auch
gefunden.

Das Wort Brücke kommt in der ganzen Bibel nicht vor. Das
hat mich einerseits erstaunt, denn das architektonische Wissen existierte durchaus schon in der Antike.

So haben wir als biblischen Rückbezug aus dem 1. Buch Mose
die Vision der Himmelsleiter gewählt: Gott baut eine Brücke
zu Jakob und durch den Segen baut er eine Brücke zu allen
seinen Nachkommen.

Auch Jesus selbst hat im übertragenen Sinne viele Brücken
gebaut, Brücken zwischen Alt und Jung, Fremden und Ein-
heimischen, Kranken und Gesunden, Armen und Reichen, zu
denen, die unter Brücken schlafen und mit denen niemand
etwas zu tun haben will. Doch: bei einer Brücke sind immer
beide Seiten wichtig, damit sie trägt. Über vieles, was Jesus
damals getan hat, haben wir im Unterricht gesprochen, aber
um tragfähig zu werden, musste es auch wirklich bei uns
ankommen. Einige Male ist das durchaus geglückt. Es war
eine auch für mich bereichernde Erfahrung, zu sehen, dass
auch in einer großen Gruppe ein gemeinsames Leben von
behinderten und nicht behinderten Jugendlichen wachsen
kann. Da war sicher am Anfang manche Scheu oder Unsicherheit. Doch das gegenseitige Helfen wurde zur Selbstverständlichkeit und auch zur Quelle der Freude. Nehmt dies
als eine gute Erfahrung mit auf euren Lebensweg, wenn ihr
nun im nächsten Lied bittet:

»Herr, gib mir Mut zum Brückenbauen ...«

Amen.

Konfirmation Predigt Version II

Liebe Festgemeinde!,
liebe Konfirmandinnen und Konfirmanden!

Lasst mich mit einer kleinen Geschichte beginnen. Sie stammt aus der Sammlung des jüdischen Philosophen und Theologen Martin Buber. Wenn er erzählt, handeln die Geschichten meistens von einem Rabbi. Das ist der Lehrer und Seelsorger einer jüdischen Gemeinde.

Rabbi, so wurde auch Jesus oft im Neuen Testament genannt und die Menschen haben sich an ihm orientiert. Er war für sie als Seelsorger, Lehrer und Freund da.

Wenn Jugendliche, oder »Jünglinge«, wie das früher hieß, zu Rabbi Bunam kamen, dann erzählte der ihnen immer zuerst die Geschichte von Rabbi Eisik, Sohn Rabbi Jekels in Krakau. Wenn Sie und ihr nun der Familiengeschichte nicht immer ganz folgen könnt, so ist das kein Problem. Darum geht es am wenigsten, aber es ist amüsant:

Rabbi Eisik litt viele Jahre große Not an Leib und Seele. Dies aber hatte sein Gottvertrauen nicht erschüttern können. Eines Tages empfing er im Traum einen Befehl, nach Prag zu reisen und an der Brücke, die zum Königsschloss führt, nach einem Schatz zu suchen.

Rabbi Eisik war nicht wie Jakob, der gleich beim ersten Traum reagierte und wusste, was die Stunde geschlagen hatte. Als der Traum aber zum dritten Mal wiederkehrte, da wusste er: Das ist kein Zufall, sondern eine Botschaft! Er machte sich auf die Reise.

Die Brücke zu finden, war nicht schwer; aber es standen Tag und Nacht Wachen davor. So traute er sich nicht, einfach an der Brücke zu graben.

Aufgeben wollte er aber auch nicht, denn schließlich hatte er seinen Traum. So kam er jeden Tag zur Brücke, schlich herum und umkreiste sie bis zum Abend. Natürlich wurden die Wachen irgendwann aufmerksam und nach ein paar Tagen stellte ihn der Hauptmann der Wache zur Rede. In barschem Ton sagte er: »Was machst du hier? Suchst du was oder wartest du auf wen? Seit Tagen beobachten wir dich! Also rede!«

Da erzählte Rabbi Eisik, welcher Traum ihn aus fernem Land hergeführt hatte. Der Hauptmann sah ihn erst ungläubig, dann hämisch an und hielt sich schließlich den Bauch vor Lachen:

»Du dummer Kerl bist mit deinen zerfetzten Schuhsohlen einem Traum zu Gefallen hierher gekommen? Die vielen hundert Kilometer? Ich lach mich tot! Ja, ja, wer den Träumen traut ...

Da hätte ich mich ja auch auf den Weg machen müssen, als es mir einmal im Traum befahl, nach Krakau zu wandern und in der Stube eines Juden Eisik, Sohn des Jekel, unterm Ofen nach einem Schatz zu suchen. Hahaha!

Ich kann mir schon vorstellen, wie ich drüben, wo die eine Hälfte der Juden Eisik und die andere Jekel heißt, alle Häuser aufreiße!« Und er schüttelte sich vor Lachen und Häme.

Rabbi Eisik aber verneigte sich und wanderte heim. Er versetzte den Ofen, grub den Schatz aus und baute ein Bethaus.

Merke dir diese Geschichte, pflegte Rabbi Bunam den Jugendlichen zu sagen, und verstehe, was sie dir sagt. Es gibt etwas, was du nirgendwo auf der Welt, auch nicht bei dem Weisesten finden kannst, und doch gibt es einen Ort, wo du es finden kannst.

Ich mag diese Geschichte. Ich kenne sie seit Langem. Ich mag sie, weil der Hauptmann sich so stark und überlegen fühlt, und am Ende doch der Dumme ist: »Ich glaube nur, was ich sehe!« Das ist die Hymne der Dummheit.

Ich mag diese Geschichte, weil sie vielschichtig ist. Es geht darum, einem Traum zu trauen und darin auch einen göttlichen Wink zu entdecken. Es geht darum, die Reise zu bestehen, nicht aufzugeben, weil die Brücke bewacht ist und sich nicht entmutigen zu lassen. Es geht darum, die eigene Angst zu besiegen, auch vor dem Hauptmann, und Selbstbeherrschung zu üben. Was wäre gewesen, wenn der Rabbi sich nicht still verneigt, sondern alles rausposaunt hätte? Und es geht darum, den gefundenen Schatz nicht wieder ins Private zu vergraben, sondern anderen daran Anteil zu geben.

Und natürlich mag ich diese Geschichte, weil es darin um eine ganze Reihe von Brücken geht: Das ist euer Thema als Konfirmationsjahrgang. Ihr habt es ausgewählt, um euch der Gemeinde vorzustellen, und eure Brücke steht auch heute hier in der Kirche.

Wir haben länger überlegt, wie wir sie hier in der Kirche aufbauen können. Das war nicht einfach. So, wie sie jetzt steht, ist sie beim Eintreten in unsere Kirche auf das Altarkreuz ausgerichtet. Wenn man genau in der Mitte des Ganges steht, setzt sich der Mittelpfeiler in dem Kreuz fort. Damit steht sie symbolisch nicht nur für die Brücke, die euch als Jahrgang verbindet, sondern weist über sich hinaus auf Jesus Christus.

Brücken verbinden, was sonst getrennt bleibt. Das können Flussufer oder Meeresarme sein, ein Tal, das überbrückt wird, oder ein Graben um eine Burg.

Die Konstruktionen sind sehr verschieden und dem jeweiligen Zweck und der Umgebung angepasst.

Seinen Ursprung hatte das Thema darin, dass einige von euch immer von Buisdorf über die Siegbrücke nach Siegburg kommen mussten und doch wie selbstverständlich dazugehören. Brücken verbinden, was sonst getrennt bleibt. Das ist zwischen Menschen auch so.

Manchmal werden Brücken bewusst zerstört. In Kriegszeiten haben einige traurige Berühmtheit erlangt: die Brücken von Remagen oder Arnheim, die Brücke am Kwai, die Brücke in Mostar, auf der zwei, die sich liebten, verbluteten, weil Fanatiker Bosnier, Kroaten und Serben in einen blutigen und grausamen Krieg verwickelt haben.

Manchmal werden Brücken bewacht, wie das in der eingangs erzählten Geschichte ist. Das Schloss soll geschützt werden. Da darf nicht jeder hinein. Da die Brücke nicht als Zugbrücke gebaut wurde, wird sie als einziger Zugang von Posten gesichert.

Aber in dieser Geschichte wie in diesem Gottesdienst geht es auch um die nicht sichtbaren Brücken. Der Rabbi, so heißt es, hatte lange Jahre schweres Leid ertragen müssen. Aber es hat sein Gottvertrauen nicht erschüttert. Die Brücke zwischen ihm und Gott blieb intakt und begehbar.

Zu eurer Brücke ist heute auch etwas dazugekommen: eine Brücke zwischen Himmel und Erde. Die Strickleiter könnte man waagerecht als Hängebrücke zwischen Menschen sehen.

Eine Leiter zwischen Himmel und Erde. Sie stammt aus dem Alten Testament. Jakob hat von ihr geträumt, als er auf der Flucht vor seinem Bruder und seinem Vater war. Beide hatte er schlimm betrogen. An der Leiter aber sieht er im Traum Engel auf und niedersteigen, die seine Stirn anrühren und ihn segnen. Gott steht zu ihm und beschützt ihn, trotz alledem. Ja, mehr noch: Jakob wird Träger seiner Verheißung, seine Kinder sind später die Stammväter des Volkes Israel. »In ihnen sollen gesegnet sein alle Menschen der Erde.« Das zieht sich durch die Generationen bis heute.

Auch ihr sollt heute gesegnet werden, Gottes Beistand auf den Kopf zugesprochen bekommen. Nicht, dass alles leicht wird in eurem Leben, wie sich das viele von euch wünschen,

sondern dass ihr nie allein seid und genügend Kraft habt,
auch Herausforderungen zu meistern.
Auch diese Brücke zwischen Himmel und Erde ist begehbar.
Es wird heute kaum jemand ausprobieren, aber ich versichere
euch: die hält auch noch 150 kg! Es ist aber eine schaukelige
Angelegenheit. Da geht niemand hinauf ohne dieses besondere Gefühl im Bauch ...
Ist das mit dem Glauben nicht auch so wie mit dieser schau-
keligen Leiter? Kann ich auf diese Brücke zwischen Himmel
und Erde vertrauen? Sie scheint so unsicher und schwankt.
Ob sie hält, beweist mir niemand. Es kostet Mut, es auszu-
probieren, aber es könnte auch locken.
Ihr habt den Planken eurer Konfi-Brücke Namen gegeben,
welche Namen könnte die Himmelsleiter auf ihren Sprossen
tragen? Sie ist ja wie ein Weg, ein Weg zu Gott.
Wo endet dieser Weg? Sicher nicht an der Decke unserer
Kirche, obwohl die symbolisch für den Himmel steht.
Und haben wir ein Ziel?

Hoffnung könnte auf einer der Sprossen stehen,
oder Gerechtigkeit,
oder Barmherzigkeit,
oder Freiheit,
oder Geborgenheit,
keine Angst mehr haben müssen,
Sehnsucht,
...

Es sind viele Sprossen. Ich bin gewiss, für jede würde sich
ein Name finden. Sie sind geprägt in den Generationen, die
ihre Erfahrungen mit Gott in der Bibel aufgeschrieben haben,
und sie sind in uns, in unseren Lebenserfahrungen und Le-
bensängsten. In unseren Triumphen wie in unserem Scheitern.

Welcher Name für eine Sprosse wäre mir am wichtigsten? Auf
jede Sprosse könnte man auch einen eurer Konfirmandensprüche schreiben. 26 Konfirmandensprüche stehen dafür. Jeder
eurer Sprüche ist einzigartig und steht doch auch in einer
langen Generationenfolge. Menschen haben sich immer wieder
auf diese alten Brücken zu Gott eingelassen und darin ihren
eigenen Lebensweg gesucht und hoffentlich auch gefunden.
Das Wort Brücke kommt in der ganzen Bibel nicht vor. Das
hat mich einerseits erstaunt, denn das architektonische Wissen existierte durchaus schon in der Antike.
So haben wir als biblischen Rückbezug aus dem 1. Buch Mose
die Vision der Himmelsleiter gewählt: Gott baut eine Brücke
zu Jakob und durch den Segen baut er eine Brücke zu allen
seinen Nachkommen.
Auch Jesus selbst hat im übertragenen Sinne viele Brücken
gebaut, Brücken zwischen Alt und Jung, Fremden und Einhei-
mischen, Kranken und Gesunden, Armen und Reichen, zu denen,
die unter Brücken schlafen und mit denen niemand etwas zu
tun haben will. Doch: bei einer Brücke sind immer beide Seiten wichtig, damit sie trägt. Über vieles, was Jesus damals
getan hat, haben wir im Unterricht gesprochen, aber um tragfähig zu werden, musste es auch wirklich bei uns ankommen.
Einige Male ist das durchaus geglückt. Es war eine auch für
mich bereichernde Erfahrung zu sehen, dass auch in einer
großen Gruppe ein gemeinsames Leben von behinderten und
nicht behinderten Jugendlichen wachsen kann. Da war sicher
am Anfang manche Scheu oder Unsicherheit. Doch das gegenseitige Helfen wurde zur Selbstverständlichkeit und auch zur
Quelle der Freude. Nehmt dies als eine gute Erfahrung mit
auf euren Lebensweg, wenn ihr nun im nächsten Lied bittet:

»Herr, gib mir Mut zum Brückenbauen ...«

Amen.

Möglichkeiten der Weiterarbeit/Variationen

Das Thema »Brücke« hat eine sehr gute Resonanz gefunden. Die Konfi-Brücke war durch ihre Begehbarkeit für Alt und Jung sehr eindrücklich, insbesondere, weil auch die Jugendlichen mit körperlichen Behinderungen sie fast eigenständig begehen konnten.

Die Herstellung der Brücke war ziemlich aufwändig, aber lohnend. »Handwerklich glauben« hat hier eine gute Ausdrucksform gefunden. Je nach lokaler Situation lassen sich natürlich auch andere Brücken einbeziehen oder nachbauen. Vielleicht gibt es in Ihrer Stadt oder Region eine besondere Brücke, entweder wegen ihrer Geschichte oder ihrer architektonischen Form. Dann kann sich an dieses Thema auch ein Stück »Heimatkunde«, eine Recherche und Aufarbeitung der lokalen Geschichte des Konfirmationsortes, anknüpfen. Vielleicht kann das Gemeindearchiv bzw. das Stadtarchiv oder das Archiv der lokalen Presse von den Konfirmandinnen und Konfirmanden genutzt werden?

Denkbar ist auch eine stärkere Betonung des Kreuzes als »Brücke«: Der vertikale Kreuzbalken als Brücke zwischen Gott und Mensch, der horizontale Balken als Brücke zwischen Mensch und Mensch. So kann eine Brücke auch völlig anders, nämlich in Kreuzform entworfen und gebaut werden. Als biblischer Bezug ist ein Rückgriff auf die 10 Gebote als Zentralstück des Glaubens sinnvoll, denn 4 Gebote regeln das Verhältnis der Menschen zu Gott, die 6 anderen Gebote das Verhältnis der Menschen untereinander.

Der Text der 10 Gebote hat außerdem eine interreligiöse »Brückenfunktion«. Schließlich handelt es sich um einen Abschnitt aus der Thora. Aber auch die »Brückenfunktion« in die Gesellschaft bzw. Politik kann Erwähnung oder Entfaltung finden. Thematisiert werden kann der Gottesbezug der Verfassung, aber auch die

Umsetzung eines Teils der Gebote bis hin ins Strafrecht als Rahmenordnung für ein gelingendes Zusammenleben.

Eine weitere Alternative ist die Thematisierung der »unsichtbaren« Brücken. Gemeint sind die Brücken zwischen den Generationen (Großeltern-Enkel-Projekt!), die Brücken zwischen verschiedenen gesellschaftlichen Gruppen oder Stadt-/Dorfteilen. Wesentlich ist, dass die Konfirmandinnen und Konfirmanden diesen Aspekt für sich als stimmig entdecken und dann auch entfalten können. Jesus war in den vielen Überlieferungen des Neuen Testaments immer wieder ein solcher Brückenbauer zwischen Menschen. An diese biblischen Geschichten, die ja ohnehin teilweise im Konfirmandenunterricht besprochen und bedacht werden, lässt sich leicht anknüpfen.

Allerdings müsste ein sinnfälliges, sichtbares Symbol im Sinne der gebauten Konfirmandenbrücke gefunden werden.